Georg Kaibel

Die Prolegomena

Peri Kmidias

Georg Kaibel

Die Prolegomena
Peri Kmidias

ISBN/EAN: 9783744619738

Hergestellt in Europa, USA, Kanada, Australien, Japan

Cover: Foto ©ninafisch / pixelio.de

Weitere Bücher finden Sie auf **www.hansebooks.com**

ABHANDLUNGEN
DER KÖNIGLICHEN GESELLSCHAFT DER WISSENSCHAFTEN ZU GÖTTINGEN.
PHILOLOGISCH-HISTORISCHE KLASSE.
NEUE FOLGE BAND 2. Nro. 4.

Die Prolegomena

ΠΕΡΙ ΚΩΜΩΙΔΙΑΣ

Von

Georg Kaibel

Berlin,
Weidmannsche Buchhandlung.
1898.

Die Prolegomena ΠΕΡΙ ΚΩΜΩΙΔΙΑΣ

Von

Georg Kaibel.

Vorgelegt in der Sitzung am 30. October 1897.

Von zusammenhängender litterarhistorischer Forschung des Alterthums ist nur wenig auf unsere Zeit gekommen: um so mehr Beachtung verdienen die Prolegomena zur griechischen Komödie, die zur Einführung in die Aristophaneslectüre bestimmt byzantinischer Fleiss uns in zahlreichen Handschriften des Komikers aufbewahrt hat. Eine ernstliche Prüfung dieser reichlichen und werthvollen Darstellungen ist bisher kaum versucht worden. Männer wie Platonios, Andronikos oder Tzetzes sind für uns entweder keine Persönlichkeiten oder doch keine Autoritäten. Wir fragen nach ihren Quellen und werden uns nicht dabei begnügen, Namen durch Namen zu ersetzen. Eine Quelle zu finden, deren Name sich nennen lässt, deren Ursprung aber dunkel, deren Werth unbestimmbar bleibt, ist geringer Gewinn: lieber verzichtet man auf einen Namen, wenn sich dafür das Alter der Quelle, ihr Character, ihre Zuverlässigkeit leidlich klar herausstellt. Wenn ein Byzantiner Weisheit schöpfen will, so wissen wir dass er sich nicht auf den mühsamen Weg der Forschung begiebt; er durchsucht nicht den Wald nach vereinzelt fliessenden Quellen, er sucht ein Bassin, das von vielen Zuflüssen gespeist wird. Sehen wir einen Byzantiner mit ungewöhnlicher Gelehrsamkeit prunken, so gilt es zunächst das Bassin zu finden aus dem er geschöpft: von da erst können wir den Quellen selbst nachgehen.

Aus einer Mailänder Handschrift hat HKeil im Rhein. Museum VI (1848) S. 108 ff. einen Doppeltractat über die Komödie herausgegeben mit der Aufschrift Βίβλος Ἀριστοφάνους Τζέτζην φορέουσ' ὑποφήτην. Es sind zwei Vorreden (προοίμια nennt sie der Verfasser selbst) zur Interpretation des Aristophanes, ich bezeichne sie mit *Ma* und *Mb*. Da beklagt sich Tzetzes über die Unzuverlässigkeit seiner Gewährsmänner Dionysios, Krates und Eukleides, denen er einst falsches über die Komödienparabase nachgeredet habe (p. 116 K): ἀλλὰ ταῦτα μὲν οἱ κομψοπρεπεῖς ἐξηγηταὶ καὶ διδάσκαλοι· οἷς εἴ που κἂν ⟨μέχρι⟩ μιᾶς λέξεως

1*

ἐπείσθην, εὐθὺς κατ' αὐτοὺς ἀνηρτημένος μετέωρος ἰκρίων τοῦ ψεύδους ἀρίδηλος γέγονα (or meint ἐγεγόνη ἄν), 'τόργοισιν αἰώρημα φοινίοις δέμας' (Lyk. 1080). ὡς ἄρτι ποτὲ τὴν ἔφηβον ἡλικίαν πατῶν (so Nauck für πασῶν) καὶ τὸν αἰθέριον ἐξηγούμενος Ὅμηρον πεισθεὶς Ἡλιοδώρωι τῶι βδελυρῶι εἶπον συνθεῖναι τὸν Ὅμηρον ἐπὶ Πεισιστράτου ἑβδομήκοντα δύο σοφούς, ὧν εἶναι καὶ τὸν Ζηνόδοτον καὶ Ἀρίσταρχον. Das berichtigt er nun, indem er die vier Leute nennt, die wirklich unter Peisistratos den Homer zusammengesetzt hätten, Epikonkylos (so), Onomakritos von Athen, Zopyros von Herakleia und Orpheus von Kroton, während Zenodot und Aristarch in weit spätere Zeit fielen: ταῦτα μέν μοι Ἡλιοδώρωι (erg. πεισθέντι) συμπέπτωκε, τοῖς δὲ τὰς τραγικὰς βίβλους ἐξηγησαμένοις πεισθείς, οἷς καὶ οὗτοί φασι ταὐτά, εἶπον Ὀρέστην καὶ Ἄλκηστιν Εὐριπίδου καὶ τὴν Σοφοκλέους Ἠλέκτραν εἶναι σατυρικὰ δράματα κτλ. Ebenso nochmals *Mb* (p. 118 K): κἂν ὁ πεφυρμένος καὶ βδελυρὸς Ἡλιόδωρος οὐκ εἰδὼς ὅτι ληρεῖ φύρηι πάντα καὶ (φ. καὶ πάντα Cod.) σύμμικτον κικεῶνα μᾶλλον δὲ κοπρεῶνα ποιῆι, ἐπὶ Πεισιστράτου τὸν Ὅμηρον συντεθῆναι καὶ ὀρθωθῆναι ληρῶν παρὰ τῶν οβ', ἐπικριθῆναι δὲ πάντων τὴν Ζηνοδότου καὶ Ἀριστάρχου σύνθεσίν τε καὶ διόρθωσιν, καὶ ἡμᾶς ἔτι νεάζοντας καὶ πρώτους ὑπηνήτας τελοῦντας ἔπεισεν οὕτως εἰπεῖν ἐξηγουμένους τὸν Ὅμηρον κτλ. Nun besitzen wir noch einen zweiten ganz ähnlich zusammengesetzten Doppeltractat Περὶ κωμωιδίας, den zuerst Cramer Anecd. Par. I 3 aus einer Pariser Handschrift, dann aus anderen und besseren Handschriften Studemund Philologus XLVI 1 herausgegeben hat. Da hier wirklich Zenodot und Aristarch mit aller Unbefangenheit als Zeitgenossen des Peisistratos angesetzt werden, so dürfen wir die auffällige Aehnlichkeit der Anlage, des Inhalts, vor allem des Stils nicht für Zufall halten, sondern müssen in den beiden Pariser Prooemien eine Jugendleistung desselben Tzetzes erkennen[1]): ich werde sie demnach mit Tzetzes' Namen als *Pa* und *Pb* citiren.

Zu der falschen Ansetzung des Aristarch und Zenodot ist Tzetzes durch Heliodor verführt worden. Das war unmöglich der Homeriker oder der Metriker, sondern sicher ein Spätling, der genau soviel von der Ptolemäerzeit wusste wie Tzetzes: es kann, wie Ritschl gesehen hat (Opusc. I 33 u. a.) nur der Scholiast des Thrakers Dionysios sein, dessen Zeit zwar nicht genau bestimmbar ist, der aber sicherlich nach Choiroboskos lebte, also wahrscheinlich nach dem VI. Jahrhundert (vgl. Reitzenstein, Gesch. d. griech. Etymol. S. 190, 4). In den Scholien hatte demnach Tzetzes denselben Unsinn gelesen, wie wir ihn heute noch in

---

1) Freilich wol nicht die erste Jugendleistung: denn wenn es *Pb* § 26 heisst τὰς Ὁμηρικὰς βίβλους οβ' γραμματικοὶ ἐπὶ Πεισιστράτου τοῦ Ἀθηναίων τυράννου διέθηκαν οὕτωσὶ σποράδην οὔσας τὸ πρίν· ἐπεκρίθησαν δὲ κατ' αὐτὸν ἐκεῖνον τὸν καιρὸν ὑπ' Ἀριστάρχου καὶ Ζηνοδότου, ἄλλων ὄντων τούτων τῶν ἐπὶ Πτολεμαίου διορθωσάντων, so zeigt dieser Vermittlungsversuch deutlich, dass Tzetzes zwei verschiedenen Ueberlieferungen rathlos gegenüber steht, und da er in *Mb* p. 118 eingesteht, er habe den chronologischen Irrthum mehrfach begangen — ἅπαξ καὶ δὶς τοῦτο παθών, also wol recht oft — so stellt *Pb* schon einen ersten Schritt zur langsam erwachenden Erkenntnis dar.

den Scholien des Diomedes lesen können, (Bekker p. 767, 11; Villoison Anecd. II 182), mit denen Tzetzes mehrfach bis aufs Wort übereinstimmt. Der andere Irrthum, zu dem sich Tzetzes bekennt, die Meinung, der Orest und die Alkestis des Euripides, ebenso die Elektra des Sophokles seien Satyrdramen, wird τοῖς τὰς τραγικὰς βίβλους ἐξηγησαμένοις auf die Rechnung gesetzt, aber Tzetzes hat das nicht selbst in den Tragikerscholien gefunden, sondern bei den οὗτοι, die mit jenen Scholien übereinstimmten, d. h. die jene Scholien citirt hatten. Diese οὗτοι können, wie Nauck richtig erkannte (Lex. Vindob. p. 242), keine anderen sein als die vorhergenannten drei Männer, die ihn zu einer falschen Erklärung der Komödienparabase verführt hatten, Dionysios, Krates und Eukleides. Er nennt sie κομψοπρεπεῖς ἐξηγηταί καὶ διδάσκαλοι, also Scholiasten und Lehrer (der Grammatik), ihre Scholien werden den Tragikerscholien entgegengesetzt, sind also selbst keine Tragikerscholien. Tzetzes nennt die drei Leute häufig zusammen, auch in den Iamben (Cramer An. Ox. III 347 23), wo er ὁ Εὐκλείδης καὶ Κράτης ἄλλοι τε πολλοί citirt, sind keine anderen gemeint, und Tzetzes' eigenes Scholion zu dieser Stelle *Διονύσιος ὁ Ἁλικαρνασσεὺς καὶ ἕτεροι κατὰ τὸν Τζέτζην* beweist nur, dass er selbst nicht wusste, welcher Dionys es war (Consbruch. Comment. Studem. S. 225; ebenso sind eben jene drei in denselben Iamben p. 346, 8) zu verstehen, ὁ Εὐκλείδης τε καὶ λοιποὶ πόσοι ἔγραψαν, ἄνδρες ἐν λόγοις διῃρημένοι. Häufiger wird in den Iamben nur Eukleides allein genannt, ein deutliches Zeichen, wie ich meine, dass er nur Scholien dieses Mannes zur Hand hatte, dass Dionys und Krates in diesen Scholien citirt waren, und darum die drei Männer für Tzetzes eine unlösbare Einheit bildeten. Das dreifache Citat brachte ihn in den rühmlichen Verdacht unerhörter Gelehrsamkeit.

In dem einen Falle war es Heliodor, der Dionysscholiast, der die Unschuld des Tzetzes verführte, in dem anderen war es Eukleides, gleichfalls ein Verfasser von Scholien, wir wissen nicht zu welchem Schriftsteller. Beidemal konnte Tzetzes sein Vergehen wieder gut machen, er verräth nicht aus welcher Quelle. Ein dritter Fall liegt etwas anders. In den Iamben Περὶ τραγικῆς ποιήσεως (p. 345, 30 Cram.) zählt Tzetzes die Bestandtheile der Tragödie auf: ἄκουε πάντα νῦν μέρη τραγῳδίας, ἃ πρὶν ὁ Εὐκλείδης τε καὶ λοιποὶ πόσοι γράψαντες ὡς γράφουσι συμπεφυρμένως καὶ συνθολοῦσι πάντας ἠρουαμένους, μέρη λέγοντες ἐννέα πεφυκέναι, ἄλλα μὲν ἄλλος κτλ. Ohne die Verwerflichkeit dieser Neuntheilung nachzuweisen, fährt Tzetzes fort (p. 346, 31) ἄλλοι δέκα λέγουσι ... τάδε· πρόλογον. ῥῆσιν. ἀμοιβὴν καὶ ἄγγελον ἐξάγγελόν τε, σκηνικὴν ᾠδήν ἅμα, πρὸς οἷσπερ ἄλλη τῶν μερῶν τετράς, κούφισμα, σάλπιγξ, καὶ σκοπὸς χοροῦ μέτα. Es folgt die Einzelerklärung derjenigen Theile ἅπερ παρειάθησαν Εὐκλείδη. Diese Probe stumpfsinniger Systematik findet sich nur einmal noch wieder, in den Scholien zur Dionysianischen Τέχνη (§ 2), die Cramer aus einer Handschrift des Brittischen Museums Anecd. Oxon. IV 308 herausgegeben hat. Es ist die merkwürdigste aller Scholiensammlungen, die uns weiterhin in erster Linie beschäftigen wird; der Autorname ist nicht überliefert, denn die glücklich erhaltene Beischrift (p. 322) ταῦτα *Λούκιος* (so) ὁ *Ταρραῖος παρατίθεται* bezieht sich nur auf einen kleinen Theil der Scholien, vgl. Hörschelmann, Act. soc. Lips. IV 333. Nach Uhlig Dion. Thr. p. XXXVI gehört die Cramer'sche Scholienmasse dem Melampus (Diomedes) und Stephanos, aber die Namen lehren uns nichts. Der Scholiast hat vom Epos und von der Lyrik geredet und geht darauf ohne weiteres zur Tragödie über, indem er ihre Bestandtheile aufzählt und zugleich erklärt. Ich stelle seinen Text dem des Tzetzes gegenüber:

Scholien:

1. πρόλογος ⟨λόγος⟩ ἐστὶ προαναφωνητικὸς τῶν διὰ τοῦ δράματος εἰσάγεσθαι μελλόντων.

2. ῥῆσις λόγος διεξοδικός, ὑπό τινος τῶν ὑποκριτικῶν προσώπων λεγόμενος πρὸς τὸν ὄχλον.

3. ἀμοιβὴ δὲ τῶν εἰσαγομένων προσώπων διάλογος.

4. ἄγγελος ὁ τῶν πεπραγμένων ἔξω τῆς πόλεως ἢ τῆς οἰκίας ἀπαγγελίαν ποιούμενος.

5. Der ἐξάγγελος ist durch ein Versehen ausgefallen.

6. σκηνικὴ δὲ ᾠδὴ ἐξ ὑποκριτικοῦ προσώπου λεγομένη.

7. κούρισμα δὲ ᾠδὴ πένθους μετέχουσα καὶ συμφορᾶς ἀποκεκαρμένων τὰς τρίχας.

8. σάλπιγξ δὲ λόγος περιέχων τὰ πολεμικά.

9. σκοπὸς δὲ ὁ τῆς (l. τῶν ἐξ) ἀλλοδαπῆς χώρας ἐρχομένων τὴν ἀπαγγελίαν ποιούμενος πόρρωθεν.

10. χορὸς δὲ σύστημα πλειόνων ἐμμελῶς τὰ προσκείμενα φθεγγόμενον.

Tzetzes Iamben:

(πρόλογος) πρῶτον λόγον δὲ τυγχάνειν γίνωσκέ μοι τῶν ὧν θέλει λέγειν τις ἔκθεσιν λόγων (p. 346, 7).

ῥῆσις λόγος τίς ἐστιν ἐξηγημάτων ὑποκριτοῦ λέγοντος ὡς πρὸς τοὺς ὄχλους (p. 347, 12).

ἡ δ᾽ ἐξ ἀμοιβῆς πρὸς λόγους ἐστὶν λόγος (p. 346, 27).

ὃς δ᾽ ἂν τὰ ἔξω τοῖς ἔσωθι μηνύει, εἰληχεν οὗτος ἀγγέλου κλῆσιν φέρειν· ἐκ δεξιῶν βαίνει δὲ πρὸς λαιὸν μέρος (p. 346, 10).

ἐξάγγελος πάλιν δὲ τὴν κλῆσιν φέρει, τοῖς ἐκτὸς ὅστις μηνύει τὰ τῶν ἔσω· διὰ στοᾶς δ᾽ ἔβαινε τῆς λαιᾶς τότε (p. 346, 13).

τὸ σκηνικὸν δὲ τυγχάνειν εἶναι νόει, ὑποκριτοῦ πρόσωπον ἂν ᾠδὴν λέγῃ (p. 346, 28).

κούρισμα δ᾽ ᾠδὴ συμφορᾶς πληρεστάτη, ταύτην ᾀδόντων τὰς τρίχας κεκαρμένων (p. 347, 16).

σάλπιγξ λόγος δὲ συμβολὰς μαχῶν λέγων,

σκοπὸς δ᾽ ὁ δηλῶν ἐκ ξένης παρουσίαν, πόρρωθεν αὐτοὺς εἰσορῶν καὶ προβλέπων (p. 347, 18).

χορὸς δέ τι σύστημα πρὸς μέλος λέγον.

Der Scholiast fügt eine Definition der Tragödie hinzu: τραγωιδία δὲ βίων καὶ λόγων ἡρωικῶν μίμησις ἔχουσα σεμνότητα μετ᾽ ἐπιπλοκῆς τινος, dieselbe welche von Tzetzes so wiedergegeben wird (p. 348. 30): ἄκουε λοιπὸν τί τέλος τραγωιδίας· μίμησις ἠθῶν πράξεων παθημάτων ἡρωικοῦ τρόπου τε τῆς τραγωιδίας, σεμνοπρεπὴς λέξις τε καὶ διῃρμένη. Vgl. Aristot. Poet. 6 p. 1450 a 16.

Es leuchtet ein, dass Tzetzes entweder die Quelle der Scholien oder die Scholien selbst in reichlicherer Fassung vor Augen gehabt haben muss. Ich kann nicht umhin auf Tzetzes' Iamben genauer einzugehen als sie es an sich verdienen. Er will über die Tragödie lehren was er gesammelt hat ἐξ ὧν ὁ Εὐκλείδης τε καὶ λοιποὶ πόσοι ἔγραψαν. Zwei Bestandtheile scheidet er, τὰ σκηνικά und τὰ χορικά, der Form nach λέξις und ᾠδή. Die σκηνικά zerfallen in πρόλογος, ἐπεισόδιον und ἔξοδος, dazu τὰ ἀπὸ σκηνῆς (die σκηνικὴ ᾠδή), die χορικά in πάροδος, στάσιμον, ἐμμέλεια, κόμμος und ἔξοδος. Das ist nichts als eine üble Erweiterung des Aristotelischen Capitels (Poet. 12). Die Theile werden nach der Reihe besprochen, zum Theil mit deutlichen Anklängen an Aristoteles, wobei gleich bemerkt wird, dass Eukleides (nur er wird citirt) nicht von einer λέξις sondern von einer ᾠδὴ χοροῦ rede, dass er neben der πάροδος noch eine ἐπιπάροδος ansetze. dass er die ἐμμέλεια nicht erwähne (er nennt sie nämlich ὑπόρχησις). Darauf berichtet Tzetzes von der Theilung des Eukleides und anderer, nicht ohne sie gleich von vornherein als verwirrt und verwirrend zu schelten. Nach Eukleides sind es neun Theile: πρόλογος, ἄγγελος, ἐξάγγελος, πάροδος, ἐπιπάροδος, στάσιμον, ὑπορχηματικόν, ἀμοιβαῖον und σκηνικόν (d. h. τὰ ἀπὸ σκηνῆς). Die Ordnung ist die, dass zunächst die Stücke die ein einzelner Schauspieler, dann die welche der Chor allein vorträgt, aufgezählt werden; darauf folgen Dialogpartien mehrerer Schauspieler und Wechselgesang zwischen Chor und Schauspieler. Das anordnende Element ist also die redende oder singende Person. Diesem System wird ein anderes gegenüber gestellt, das zehn Theile scheidet (ἄλλοι δέκα λέγουσιν), nämlich πρόλογος, ῥῆσις, ἀμοιβαῖα, ἄγγελος, ἐξάγγελος, σκηνικὴ ᾠδή. κούρισμα, σάλπιγξ, σκοπός, χορός. Hier sind also die Stücke, an denen der Schauspieler betheiligt ist, noch weiter specialisirt (κούρισμα ist im Grunde nichts als κόμμος), während die Chorpartien gar nicht in Classen zerlegt werden sondern eine Einheit bilden. Auch dies schöne System findet Tzetzes' Beifall nicht: οὕτω μὲν οὑτοί φασι συμπεφυρμένως· ὅταν ὁ Εὐκλείδης δὲ καὶ Κράτης γράφων ἄλλοι τε πολλοὶ τῶν λόγοις διῃρημένων, ἄνθρωπε, κἂν κράξωσι τοῖς στροφοῖς λόγων, τὰ σκηνικὰ γράφοντες ἐμπεφυρμένως, μάθῃς δὲ μηδὲν ἐξ ἐκείνων ὧν θέλεις, dann, sagt er, wende dich an Tzetzes, der wird dir das rechte ebenso kurz wie klar auseinandersetzen. Es wäre sehr voreilig zu glauben, dass wie die Neuntheilung auf Eukleides, so die Zehntheilung auf Krates zurückzuführen sei. Nur soviel lässt sich mit einiger Wahrscheinlichkeit sagen, dass die Zehntheilung aus der Neuntheilung mit Hilfe pedantischer Erweiterung herausgewachsen und somit später sei; durch Parcellirung der χορικά hätte sie leicht noch stattlicher werden können. Die Weisheit endlich, die Tzetzes selbst vorträgt (πρόλογος, ῥῆσις, ἐπεισόδιον, ἔξοδος, ἀμοιβαῖα, κουρίσματα, σκηνικά, πάροδος, ἐπιπάροδος, στάσιμον, ὀρχηματικόν), dürfen wir auf sich beruhen lassen; das ist eigenes Gewächs, nicht etwa eine quellenmässige Berichtigung des Eukleides und Genossen.

Die Zehntheilung hatte, wie wir sahen, mehreres mit der Neuntheilung des Eukleides gemein, πρόλογος, ἄγγελος, ἐξάγγελος und ἀμοιβαῖον. Zunächst hat nun Tzetzes die neun Theile des Eukleides einzeln erläutert, so dass er nachher nur noch fünf Stücke der zweiten Reihe zu erklären brauchte. In den Cramer'schen Scholien dagegen, wo nur die Zehnerreihe erhalten ist, finden sich hintereinander die zehn Erklärungen, die Tzetzes theils gleich der Reihe des Eukleides beigegeben, theils auf die Zehnerreihe verspart hat. Wenn nun ferner Tzetzes gleich bei der ersten, wesentlich Aristotelischen Liste der Tragödientheile schon beiläufig Abweichungen des Eukleides notirt, sieht das alles nicht aus, als hätte er den ganzen Apparat in einer und derselben Vorlage zusammengefunden? Da wir nun weiter wissen, dass Eukleides, der Eponymus seiner Quellen, Scholien geschrieben hat und zudem als Lehrer (der Grammatik) bezeichnet wird, da ferner ein beträchtliches Stück der Tzetzischen Weisheit in den Londoner Dionysscholien, und sonst nirgendwo, erhalten ist, wird es nicht wahrscheinlich, dass die Scholien des Eukleides eben Dionysscholien waren? wird es nicht noch wahrscheinlicher dadurch, dass Tzetzes überhaupt die Scholien mit dem Namen des Verfassers bezeichnen kann? gerade das ist für die Dionysscholien characteristisch, dass sie in vielen Handschriften den Verfassernamen an der Stirn tragen, dass also niemals eine eigentliche Schlussredaction wie bei anderen Schriftstellern stattgefunden hat. Man hat nur gesammelt und jedem Manne sein Autorrecht gewahrt, so wenig dazu Veranlassung war, da immer einer den anderen ausschrieb. Für die Umlänglichkeit dieser Scholien, die wir noch heute freudig oder ärgerlich anerkennen, schickt sich die Fülle variirender Gelehrsamkeit am besten. Für Leute die keine eigene Ansicht haben oder haben können ist die Aufzählung dessen was andere gemeint haben der Gipfel des Verdienstes. Tzetzes hat seine Iamben noch als leidlich junger Mann, sicher vor dem Tode seines Bruders Isaak geschrieben († 1138), etwa 25—30 Jahre alt, (Giske De Ioannis Tzetzae scriptis ac vita 1881). Das war die Zeit, wo er (ἐν μέτροις Μα p. 116 K) sich zu allerhand Thorheiten verführen liess durch Heliodor und Eukleides, Thorheiten die er erst später aus besseren Quellen umlernen konnte. Ich möchte in der That glauben, dass ebenso wie Heliodor so auch Eukleides einer der vielen Verfasser oder Zuschneider von Dionysscholien war. Sein Name ist freilich aus dem wüsten Trümmerhaufen jener Scholienlitteratur bisher nicht emporgetaucht, aber so gut wie Wachsmuth im Codex Burbonicus (Rhein. Mus. XX 379) einen bis dahin unbekannten Antonius gefunden hat, so wage ich zu hoffen, dass sich ein Eukleides finden wird. Im Grunde kommt ja nur wenig darauf an: die Namen der Dionyscommentatoren, Diomedes (Melampus) Stephanos Heliodor Porphyrios Antonius, sind für uns nur leerer Schall, Compilatoren ohne Persönlichkeit, von Werth nur für den zukünftigen Herausgeber, dem sie die Ordnung der Scholienmassen erleichtern werden. Für die eigentliche Quellenfrage ist es in letzter Linie gleich, ob Tzetzes Dionysscholien oder die Quelle der Scholien benützt hat: vielleicht hat er beides gethan. Aber soviel musste hier betont werden, dass während er seinen Irrthum über Aristarchs und Zenodots Zeit und über die Natur des Satyrdramas durch Anziehung besserer Ueberlieferung wieder gut machen konnte, ihm zur Berichtigung von Eukleides' Tragödiensystematik, die er für verwirrt erklärt, keine bessere Quelle zu Gebote stand als seine eigene Entscheidung.

Was unter Eukleides' Namen überliefert ist, bedarf zunächst der Prüfung. In *Pb* § 29 und ungefähr gleichlautend in *Mb* (p. 11ō K) lesen wir folgendes: ἔτι ἰστέον ὅτι κατὰ Διονύσιον καὶ Κράτητα καὶ Εὐκλείδην μέρη κωμωιδίας εἰσὶ τέσσαρα· πρόλογος, μέλος χοροῦ, ἐπεισόδιον καὶ ἔξοδος. καὶ πρόλογος μέν ἐστι τὸ μέχρι χοροῦ τῆς εἰσόδου, ἡ δὲ ἅμα τῆι εἰσόδωι τοῦ χοροῦ λεγομένη ῥῆσις μέλος καλεῖται χοροῦ, ἐπεισόδιον δέ ἐστι μέλος μεταξὺ (1. ἔστι τὸ μεταξὺ) μελῶν καὶ ῥήσεων δύο χορικῶν. ἔξοδος δέ ἐστιν ἡ πρὸς τῶι τέλει τοῦ χοροῦ ῥῆσις. Soweit ist es unvermischte Aristotelische Lehre, von der Tragödie auf die Komödie übertragen. Es geht sogleich weiter: μέρη δὲ παραβάσεως ἑπτά. ἑπτάκις γὰρ ὁ χορὸς ὠρχεῖτο, ἐπειδὰν εἰς τὴν ὀρχήστραν εἰσήρχετο, ἣν δὴ καὶ λογεῖον καλοῦσιν. ἡ μὲν οὖν πρώτη ὄρχησις κομμάτιον ἐλέγετο, ἡ δὲ δευτέρα παράβασις ὁμωνύμως τῶι γένει ἐκαλεῖτο (καὶ γὰρ τὸ ὅλον τοῦτο τὸ ἐπτάστροφον σχῆμα παράβασις ἐκαλεῖτο)[1]), ἡ δὲ τρίτη μακρόν, ἡ δὲ τετάρτη ὠιδή, καὶ στροφή, ἡ δὲ πέμπτη ἐπίρρημα, ἡ δὲ ἕκτη ἀντωιδὴ καὶ ἀντίστροφος, ἡ δὲ ἑβδόμη ἀντεπίρρημα. εἰσελθὼν οὖν ὁ χορὸς εἰς τὴν ὀρχήστραν μέτροις τισὶ διελέγετο τοῖς ὑποκριταῖς καὶ πρὸς τὴν σκηνὴν ἑώρα τῆς κωμωιδίας. ἂν οὖν ὡς ἐκ πόλεως ἐβάδιζε πρὸς τὸ θέατρον, διὰ τῆς ἀριστερᾶς ἀψῖδος ἔβαινεν, ἂν δ' ὡς ἀπ' ἀγροῦ, διὰ τῆς δεξιᾶς· τετραγωνιζόμενός τε ὁ χορὸς πρὸς μόνους ἑώρα τοὺς ὑποκριτάς. ἀπελθόντων δὲ τῶν ὑποκριτῶν πρὸς ἀμφότερα τὰ μέρη τοῦ δήμου ὁρῶν ἐκ τετραμμένων δεκαλὲξ στίχους ἀναπαίστους ἐφθέγγετο, καὶ τοῦτο ἐκαλεῖτο στροφή. εἶτα ἑτέρους τοιούτους ἐφθέγγετο καὶ ἐκαλεῖτο ἀντίστροφος, ἅπερ ἀμφότερα οἱ παλαιοὶ ἐπίρρημα ἔλεγον. ὅλη δ' ἡ πάροδος τοῦ χοροῦ ἐκαλεῖτο παράβασις. συμβαίνει δὴ τὸ ἐπίρρημα πέντε σημαίνειν, αὐτό τε τὸ οἰκεῖον σημαινόμενον καὶ τὴν στροφὴν καὶ ἀντίστροφον καὶ ὠιδὴν καὶ ἀντωιδήν, ἐπειδὴ ἡ μὲν στροφὴ τὴν ὠιδὴν σημαίνει, ἡ δὲ ἀντίστροφος τὴν ἀντωιδήν. Dass nicht nur die Theile der Komödie, sondern auch die Theile der Parabase der Dreimännerquelle (Eukleides) entnommen sind, wird in *Mb* ausdrücklich gesagt, wo Tzetzes über den Unsinn, den er ausgeschrieben hat, gerechte Entrüstung an den Tag legt. Zunächst liegt, wie schon bemerkt, auf der Hand, dass die Viertheilung der Komödie der Aristotelischen Tragödie (Poet. c. 12) genau nachgebildet ist, und dass ebenso wie bei Aristoteles so hier die Theile erst aufgezählt, dann einzeln beschrieben werden. Nur silbenweis weicht von diesem Abschnitt der Coislinianische Tractat ab, in dem Bernays (Zwei Abhandlungen S. 150) Aristotelische Spuren zu finden gemeint hat. Diesen Tractat also oder seine Quelle haben die Dreimänner gekannt und benützt. Die Parabasentheile sind offenbar in Verwirrung gerathen. Der Grundfehler ist der, dass der Chor sogleich nachdem er die

---

1) In *Mb* befremdet ein Rechenfehler: τὸ δὲ ἐπτάστροφον ὄρχημα τοῦτο παράβασις ἐκαλεῖτο τῶι γένει. καὶ ἡ πρώτη δὲ ὄρχησις ὁμωνύμως τῶι γένει παράβασις, τὸ τρίτον μακρὸν καὶ πνῖγος κτλ. Man würde an den Ausfall eines Satzes denken, wenn nicht derselbe Fehler schon in den Iamben (p. 341, 20 Cr) vorläge. Er hat also hier die gleiche Quelle oder die gleichen Excerpte aus seiner früheren Quelle benutzt, in *P* also eine andere. Von Belang ist nur, dass *Mb* ebenso wie die Iamben den Doppelnamen μακρόν und πνῖγος bewahrt hat.

Orchestra betreten die Parabase vorgetragen habe: es ist also Parodos und Parabase miteinander verwechselt worden, nicht von Tzetzes, sondern von seinem Gewährsmann, wie sich aus dem zeigt was Tzetzes anderswo (*Mb* p. 121 K) in seiner Unwissenheit und Verzweiflung sagt: τὴν δὲ εἰσέλευσιν ταύτην οὐ μέλον ἐστί μοι ὅπως ἂν καὶ καλέσειας, εἴτε εἴσοδον ἢ εἰσέλευσιν ἢ ἐπήλυσιν ἢ ἐπίβασιν ἢ πάροδον ἢ παράβασιν ἢ ἄλλως πως σημαίνων ταὐτό. Die Art der Verwirrung ist auch äusserlich noch ganz wol erkennbar, wenn es nach der tadellosen Aufzählung der Parabasentheile weiter heisst εἰσελθὼν οὖν ὁ χορὸς εἰς τὴν ὀρχήστραν κτλ. Es wird der Einzug des Chors beschrieben, sein Verhalten zu den Schauspielern, seine Stellung der Bühne gegenüber. Nun sollte, wie die Worte ἀπελθόντων τῶν ὑποκριτῶν lehren, die wirkliche Parabase folgen. Da sie aber schon an Stelle der Parodos vorweggenommen war, steht hier etwas andres völlig sinnloses. Nicht viel besser ist was der Anonymus VII (Dübner Schol. Aristoph. p. XVII) bewahrt hat: ὁ χορὸς ὁ κωμικὸς εἰσήγετο ἐν τῆι ὀρχήστραι τῶι νῦν λεγομένωι λογείωι. καὶ ὅτε μὲν πρὸς τοὺς ὑποκριτὰς διελέγετο, πρὸς τὴν σκηνὴν ἑφεώρα, ὅτε δὲ ἀπελθόντων τῶν ὑποκριτῶν τοὺς ἀναπαίστους διεξήιει. πρὸς τὸν δῆμον ἀπεστρέφετο, καὶ τοῦτο ἐκαλεῖτο στροφή. ἣν δὲ τὰ ἰαμβεῖα τετράμετρα. εἶτα τὴν ἀντίστροφον ἀποδόντες πάλιν τετράμετρα ἐπέλεγον ἴσων στίχων· ἣν δὲ ἐπὶ τὸ πλεῖστον ιϚ΄. ἐκαλεῖτο δὲ ταῦτα ἐπιρρήματα· ἡ δὲ ὅλη πάροδος τοῦ χοροῦ ἐκαλεῖτο παράβασις. Ἀριστοφάνης ἐν Ἱππεῦσιν (507) 'εἰ μέν τις ἀνὴρ τῶν ἀρχαίων κωμωιδοδιδάσκαλος ἡμᾶς ἠνάγκαζεν λέξοντας ἔπη πρὸς τὸ θέατρον παραβῆναι'. Dies Stück hat, da es im Venetus steht (und nur wenig abweichend in jüngeren Handschriften), das eine vor Tzetzes voraus, dass seine Fassung hundert oder mehr Jahre älter und darum etwas besser ist. Hier ist zwar auch schon Parodos und Parabase verwechselt, aber die glücklich erhaltenen Worte τὴν ἀντίστροφον ἀποδόντες zeigen deutlich, dass es sich nicht um ein bestimmtes Chorlied, sondern um die epirrhematische Composition schlechthin handelt. Das wird unzweifelhaft durch die Glosse Et. M. 363, 46 ἐπιρρήματα· ἐν τοῖς χορικοῖς ὅτε στροφὴν ᾄσειαν μέλος (l. μέλους, vgl. Hephaest. p. 139, 18), ἐπέλεγον ποιημάτιον ιϚ΄ στίχων. εἶτα τὴν ἀντίστροφον ἀποδόντες ἐπέλεγον πάλιν τετράμετρον ποιημάτιον τῶν ἴσων στίχων. ἐκαλεῖτο δὲ ταῦτα ἐπιρρήματα. Es hätte auch heissen können ἐπιρρηματικὴ συζυγία, wie Schol. Ar. Ritt. 1263. Die Corruptelen des Anon. VII sind für uns völlig belanglos geworden: in den Worten ἣν δὲ τὰ ἰαμβεῖα τετράμετρα war nur gesagt, dass auf die ᾠδή eine Anzahl von Tetrametern folgte.

In der Quelle des Tzetzes war also — abgesehen von später entstandenen Wirrungen — vernünftiger Weise dreierlei behandelt: die Parodos des Chors nebst seinem Verhältniss zur Bühne, die Parabase, endlich die der Komödie eigenthümliche epirrhematische Composition, nicht der Scenen, sondern der Chorvorträge. Aehnliches lag Hephästion vor de carm. p. 134, 16, vgl. p. 139, 13. Diese drei Punkte ordneten sich offenbar einem der vier Theile der Komödie, dem χορικόν unter; ihre Behandlung schliesst sich also eng an den bei Tzetzes vorangehenden Abschnitt über die vier Komödientheile an, ganz so wie die

Theile der Tragödie bei Aristoteles (c. 12) behandelt werden. Die Vermuthung, dass die Quelle eine Art Poetik war, drängt sich schon hier auf. Die beiden Pariser Tractate *(Pa Pb)* geben im grossen und ganzen die Quelle des Tzetzes, wenn auch nicht am vollständigsten, so doch am genauesten wieder. *Pa* zerfällt in drei Abschnitte. Der erste handelt vom Ursprung der Komödie, er endet mit einer Etymologie des Wortes κωμωιδία und einer Begriffsbestimmung des komischen Dramas im Gegensatz zum tragischen. Dabei hatte sich eine Theilung der Komödie in drei Perioden, ἀρχαία μέση νέα, ergeben. Der zweite Abschnitt kennt nur zwei Entwicklungsperioden, die ἀρχαία und νέα, ihre unterscheidenden Merkmale werden von besonderen Gesichtspunkten aus erläutert. Der dritte Abschnitt bespricht die Quellen des γελοῖον. Diese drei Capitel nun decken sich genau mit den drei anonymen Tractaten Περὶ κωμωιδίας, IV. V. VI bei Dübner, und zwar mit V und VI bis aufs Wort genau. N. V und VI stehen mit jedesmaliger Ueberschrift Περὶ κωμωιδίας schon im Venetus hintereinander, ebenso im Venetus *G*, der die Prolegomena zu Aristophanes nicht aus *V* hat, ebenso auch in zwei anderen nicht direct von einander abhängigen Handschriften, im Vaticanus und im Estensis, ebenso endlich in der Aldina. N. IV ist nur im Ambrosianus, dem nah verwandten Laurentianus Θ und in der Aldina erhalten, in ersteren beiden vor N. VI (V fehlt), in der Aldina durch einen Βίος Ἀριστοφάνους von N. V. VI. VII. VIII getrennt, zusammen mit N. III, einem Tractat, den ausserdem nur der Estensis erhalten hat[1]). Da nun V und VI in keinem erkennbaren Zusammenhange stehen, so scheint es als ob sie von Anfang getrennte Abhandlungen gewesen und nur von Tzetzes, der sie getrennt etwa in seinen Aristophaneshandschriften fand, unpassend zusammengesetzt wären. Aber das ist nicht nur an sich unglaubhaft — wer schreibt solche Miniaturabhandlungen —, es ist auch nachweisbar unrichtig. N. VI ist bekanntlich nur ein kleiner, wenn auch ausgeführter Theil des Coislinianischen Tractats (N d. Dübner), von N. V lässt es sich wahrscheinlich machen, dass diese merkwürdige Begründung der zweitheiligen Komödie dereinst mit N. IV oder einem Tractat ähnlichen Inhalts verbunden war. N. V beginnt mit den Worten τῆς κωμωιδίας τὸ μέν ἐστιν ἀρχαῖον, τὸ δὲ νέον, τὸ δὲ μέσον. Weil aber hier nur von der ἀρχαία und νέα die Rede ist, hat Meineke τὸ δὲ μέσον tilgen wollen, mit Recht zugleich und mit Unrecht. Tzetzes hat den thörichten Zusatz ebenfalls, wie ihm auch eine böse Lücke im Text mit dem Tractat N. V gemeinsam ist. Man möchte glauben, dass er Lücke wie Zusatz eben einer Aristophaneshandschrift verdankt, aber so liegt die Sache nicht. Tzetzes leitet das Stück mit den Worten ein (§ 14) καὶ πάλιν καθ' ἑτέραν διαίρεσιν τῆς κωμωιδίας τὸ μέν ἐστιν ἀρχαῖον κτλ. So kann kein selbständig gewordener Tractat beginnen, sondern nur ein Capitel, das im Gegensatz zu einer Dreitheilung der Komödie jetzt von der Zweitheilung handeln sollte. Da bei Tzetzes die Worte sinnlos sind — denn er hat eben vorher von etwas ganz anderem geredet, vom Wesen der

---
1) Zacher, Fleckeis. Jahrb. Suppl. Bd. XVI 505 ff.

Komödie und Tragödie — so hat er sie verständnisslos aus seiner Quelle abgeschrieben, seine Quelle waren also nicht zusammenhangslose Tractate, sondern eine einheitliche Darstellung von den Entwicklungsperioden der Komödie. Nehmen wir an — die Annahme wird sich nachher bestätigen — die Quelle sei eine Scholiensammlung zu Dionysios Thrax gewesen: der erste Scholiast hatte nach einem litterarhistorischen Handbuch ausführlich über die Komödie gehandelt, auch über ihre verschiedenen Perioden, erst über die Dreitheilung, dann über die Zweitheilung. Diese Stücke wurden — das ist nachweislich geschehen — auseinandergerissen, in der einen Scholienbearbeitung erhielt sich nur das eine, in einer anderen das andere, so aber dass das andere Stück die einleitenden Worte πάλιν καθ' ἑτέραν διαίρεσιν, obwol sie nicht mehr passten, mit mechanischer Treue bewahrte. Solche Dinge sind ganz anderen Schriftstellern als den Dionysscholiasten passirt. Das zweite Stück wurde also selbständig und nun schrieb einer, dem die dunkle Erinnerung an eine μέση κωμωιδία auftauchte, diese wie er meinte nothwendige Ergäuzung dazu. Das war in der Quelle geschehen, die den anonymen Tractaten Περὶ κωμωιδίας und den Prooemien des Tzetzes gleichermassen zu Grunde liegt.

Der zweite Abschnitt des Tzetzes (= Anon. V) setzt demnach wegen der Eingangsworte πάλιν καθ' ἑτέραν διαίρεσιν eine andere Abhandlung über die Dreitheilung voraus, und die ist nun nicht nur im Anon. IV und bei Tzetzes (Pa § 1—11) sondern auch in den Dionysscholien erhalten (p. 747, 24 Bekk, vgl. III p. 1166. Sturz Et. Gud. p. 666. Gaisford Heph. I 376, letzterer aus dem vortrefflichen Baroccianus 166). Offenbar sind die Scholien Quelle des Tzetzes: sein Text weicht nur in ganz belanglosen Zusätzen, Auslassungen oder Wortveränderungen ab. Selbst die Einleitungsworte, die das Stück deutlich als Scholion characterisiren [1]), sind beiderseits dieselben: κωμωιδίαι λέγονται τὰ τῶν κωμικῶν ποιήματα, ὡς τὰ τοῦ Μενάνδρου καὶ Ἀριστοφάνους καὶ Κρατίνου καὶ τῶν ὁμοίων [2]). Der Anon. IV ist sehr viel kürzer — er lässt z. B. ausser dem Einleitungssatz den Susarion als ἀρχηγὸς τῆς ἐμμέτρου κωμωιδίας ganz bei Seite — im übrigen steht er bald zum Scholion bald zu Tzetzes in näherer Beziehung; der wichtigste Punkt, in dem er von beiden abweicht, ist dass er die ersten primitiven Komödienspiele nicht auf das Theater (ἐπὶ θεάτρου) sondern auf den Markt (ἐπὶ μέσης ἀγορᾶς) verlegt. Eine gemeinsame Quelle, Dionysscholien oder deren Quelle, ist trotzdem für alle drei Fassungen sicher.

Die Erzählung selbst, wie die Komödie entstanden sei, ist sehr eigenartig. Landleute, die von den Bürgern geschädigt worden sind, ziehen nächtlicher Weile

---

1) Vgl. die gleichen Scholienanfänge p. 733, 21 ποιηταὶ λέγονται οἱ τὰ ἔμμετρα γράψαντες und p. 751, 9 ἔπος κυρίως ὁ ἔμμετρος λόγος λέγεται. Beide Scholien tragen im Burbonicus den Namen des Diomedes. Vgl. die nächste Anmerkung.

2) Das Scholion gehört dem Diomedes, dem im Burbonicus ausdrücklich das entsprechende und fast mit den gleichen Worten beginnende Scholion über die Tragödie zugewiesen wird (p. 746, 1 B) τραγωιδία λέγεται τὰ τῶν τραγικῶν ποιήματα, ὡς τὰ τοῦ Εὐριπίδου καὶ Σοφοκλέους καὶ Αἰσχύλου καὶ τῶν τοιούτων. An sonstigen Aehnlichkeiten der beiden Scholien fehlt es nicht.

in die Stadt und erheben vor den Häusern ihrer Bedrücker Klage. Dadurch kommen die Augeklagten in üblen Ruf, so dass sie sich bessern. Die Väter der Stadt finden das nützlich und veranlassen die Dorfleute in Zukunft ihre Klage öffentlich vorzubringen, auf der Bühne oder auf dem Markt. Das thun sie, aber aus Furcht vor den reichen Bürgern thun sie es maskirt. Susarion giebt dem Scheltlied, das jetzt üblich wird, künstlerische Form. Auf die Erzählung selbst werde ich später zurückkommen. Hier genügt es zunächst eine wesentliche Eigenthümlichkeit hervorzuheben: der Erzähler operirt mit einer doppelten Etymologie des Wortes κωμωιδία. Dörfler sind es (κωμῆται), die bei der Nacht (περὶ τὸν καιρὸν τοῦ καθεύδειν) in die Stadt ziehen. Die Zeit des Schlafes heisst κῶμα. Beide Etymologien stehen nebeneinander Schol. Dion. p. 749, 20 B: εἴρηται δὲ κωμωιδία οἱονεὶ ἐπὶ τῶι κώματι ὠιδή· καὶ γὰρ περὶ τὸν καιρὸν τοῦ ὕπνου ἐφευρέθη· κῶμα γὰρ ὁ ὕπνος. ἢ ἡ τῶν κωμητῶν ὠιδή. κῶμαι γὰρ λέγονται οἱ μείζονες ἀγροί (nicht Aecker, sondern Bauerngüter oder Complexe von Bauerngütern). Wer κώμη und κῶμα gleichzeitig zur Erklärung des Wortes benützt, muss beide Nomina von derselben Wurzel ableiten. Das ist die Art des Philoxenos (vgl. Reitzenstein, Gesch. d. gr. Etym. 186), und wirklich besitzen wir was Philoxenos über die gemeinsame Wurzel gelehrt hat. Wie er ein Urverbum γῶ (= χωρῶ) ansetzte, um davon γῆ γυνή γαστήρ u. a. abzuleiten, so galt ihm κῶ als Urelement (ἀρχή) für κώμη κῶμος κῶμα u. a. Vgl. Orion p. 119, 19 ὀρεσκῶιος· παρὰ τὸ κῶ δηλοῦν τὸ κοιμῶμαι, οὗ ὁ μέλλων κώσω, ῥηματικὸν ὄνομα κώς (d. i. κῶας), σύνθετον ὀρεσκῴς κτλ. οὕτω Φιλόξενος, besonders aber Steph. Byz. 400, 22 M. κώμη· ἐν ταῖς μακραῖς ὁδοῖς (auf den Heerstrassen) μέσα (l. μείζω) χωρία ἔκτισαν πρὸς τὸ κοιμᾶσθαι νυκτὸς ἐπιγιγνομένης. ὅθεν καὶ ἐπικέκληται, ὡς Φιλόξενος. Vgl. Pollux IX 11. 37. Die Zeitbestimmung der Etymologie, die sich daraus ergiebt, nützt uns für die Zeitbestimmung der Erzählung nichts, da diese auch ohne die Etymologie bestehen konnte und aller Wahrscheinlichkeit nach lange vor ihr bestanden hat. Wol aber finden wir die gleiche Ableitung an einer anderen Stelle wieder, die uns mehr lehren wird. Das Et. M. 764, 1 hat eine grosse litterarische Doppelglosse unter d. W. τραγωιδία bewahrt. In der That geht die Glosse die Komödie ebenso sehr an wie die Tragödie, nur dass beide nicht ganz gleichartig behandelt werden. Zunächst steht da eine Definition der Tragödie: ἔστι βίων τε καὶ λόγων ἡρωικῶν μίμησις, also ein Bruchstück der bei Tzetzes sowie in den Cramer'schen Dionysscholien erhaltenen Definition (S. 6). Dann folgen verschiedene Etymologien von τραγωιδία, die sich alle in den Bekker'schen Dionysscholien wie bei Tzetzes wiederfinden. Ebenso werden verschiedene Etymologien von κωμωιδία verzeichnet, und im Zusammenhang damit die Erfindung der Gattung erzählt: ἢ ἐπὶ τῶι κώματι ὠιδή. ἐπειδὴ ἐπὶ (l. περὶ) τὸν καιρὸν τοῦ ὕπνου τὴν ἀρχὴν ἐφευρέθη. ἢ ἡ τῶν κωμητῶν ὠιδή· κῶμαι γὰρ λέγονται οἱ μείζονες ἀγροί. Das ist wörtlich das Dionysscholion, mit dem fast ebenso wörtlich die nun folgende Erzählung vom Ursprung der Komödie stimmt, nur dass im Et. M. nicht mehr als der Anfang ausgeschrieben ist. Dies alles würde kaum Beachtung verdienen, wenn nicht ein neues hinzuträte: (τραγωιδία) ἀπὸ τῆς τρυγὸς τρυγωιδία. ἦν δὲ τὸ ὄνομα τοῦτο κοινὸν καὶ πρὸς τὴν κωμωιδίαν, ἐπεὶ οὔπω διεκέκριτο τὰ τῆς ποιήσεως ἑκατέρας, ἀλλ' εἰς αὐτὴν (vielleicht ἀλλ' ἑκατέρας) ἓν ἦν τὸ ἆθλον ἡ τρύξ. ὕστερον δὲ τὸ μὲν κοινὸν ὄνομα ἔσχεν ἡ τραγωιδία, ἡ δὲ κωμωιδία ὠνομάσθη, ἐπειδὴ πρότερον κατὰ κώμας ἔλεγον αὐτὰ ἐν ταῖς ἑορταῖς τοῦ Διονύσου καὶ τῆς Δήμητρος. Das ist ein Versuch, wie er uns in mehrfachen Fassungen erhalten ist, die beiden verwandten Gattungen auf einen gemeinsamen Ursprung zurückzuführen, ein Versuch zu dem sich mancher Litterarhistoriker, nach Anleitung des Aristoteles zwar, aber doch im Widerspruch mit ihm, verlockt fühlen musste. Dieselbe Combination in noch weiterem litterarhistorischen Zusammenhang bietet Tzetzes in den Jamben Περὶ διαφορᾶς ποιητῶν (v. 57), wo es vom Drama insgemein heisst: κλῆσις δὲ τοῖς σύμπασιν ἦν τρυγωιδία· χρόνωι διηιρέθη δὲ κλῆσις ἐς τρία, κωμωιδίαν ἅμα τε καὶ τραγωιδίαν καὶ σατυρικὴν τῶνδε τὴν μεσαιτάτην. ὅσον μὲν οὖν ἔσχηκε τὴν θρηνωιδίαν, τραγωιδίαν ἔφασαν οἱ κριταὶ τότε· ὅσον δὲ τοῦ γέλωτος ἦν καὶ σκωμμάτων, κωμωιδίαν ἔθεντο τὴν κλῆσιν φέρειν. ἄμφω δὲ πρὸς σύστασιν ἦσαν τοῦ βίου· ὁ γὰρ τραγικὸς τῶν πάλαι πάθη λέγων — τοὺς ζῶντας ἐξήλαυνεν ἀγερωχίας, ὁ κωμικὸς δέ πως γελῶν κωμωιδίαις ἅρπαγά τινα καὶ κακοῦργον καὶ φθόρον τὸ λοιπὸν ἡδραίωσεν εἰς εὐκοσμίαν. Das stimmt allerdings nur in ganz wenigen und nicht sehr wesentlichen Punkten mit dem Tragödienscholion des Diomedes (p. 746 B), aber trotzdem spricht vielerlei dafür, dass Tzetzes für diese sehr leichtfertige Litteraturgeschichte entweder ausschliesslich oder hauptsächlich Dionysscholien benützt hat. Diomedes sagt von den Tragikern (p. 746, 5) θέλοντες ὠφελεῖν κοινῆι τοὺς τῆς πόλεως und von den Komikern (p. 748, 29) genau dasselbe, Tzetzes aber von beiden Dramen (v. 24) ἄμφω πρὸς ὠφέλειαν εὕρηνται βίου, und wenn er in der vorher ausgeschriebenen Stelle dafür behauptet ἄμφω δὲ πρὸς σύστασιν ἦσαν τοῦ βίου, so ist das einer seiner vielen Fehler; die Quelle hatte nur von der Komödie behauptet, sie sei συστατικὴ τοῦ βίου. Ferner nimmt Tzetzes ohne weiteres die Korinna in den Kanon der Lyriker auf (v. 19) und stellt so eine δεκὰς ἀρίστη παντελὴς πληρεστάτη her. Sonst pflegt man sich mit neuen Lyrikern zu begnügen, nur in dem kleinen Verzeichniss bei Boeckh Pind. II 1, 7 heisst es vorsichtig τινὲς δὲ καὶ τὴν Κόρινναν, und nur in den Dionysscholien (p. 751, 26) wird Korinna als zehnte Muse zugelassen [1]. Es liesse sich noch mehr anführen, aber das was hier in Betracht kommt bedarf keines Beweises weiter, dass der Anonymus IV, die Dionysscholien, Tzetzes und die Glosse des Etym. M. einer und derselben Quelle gehören und dass diese Quelle eine litterarhistorische war, die Tragödie, Komödie und Satyrdrama auf einen gemeinsamen Ursprung zurückführte. Die gleiche Entstehungsweise wurde vornehmlich durch die ähnliche Form der drei Gattungen gestützt, nach Auffassung jenes Litterarhistorikers auch durch die ähnliche Tendenz; das führte mit Nothwendigkeit zu einem Vergleich der drei Gattungen

---

1) Bei Bekker fehlt Ἀλκαῖος, der aber im Burbonicus an richtiger Stelle hinter Ἀλκμάν genannt wird. Das Verzeichniss ist alphabetisch, nur Korinna als Eindringling fällt aus der Reihe (καὶ δεκάτη Κόριννα).

unter einander, und diesen Vergleich finden wir in der That bei Tzetzes (*Pb* § 27. *Mb* p. 119).·verbunden mit einer Inhaltsangabe des Euripideischen Syleus. Tzetzes bringt das vor, um seine frühere irrige Ansicht vom Satyrdrama richtig zu stellen. Die Scholien des Eukleides hatten den Irrthum veranlasst (S. 5), die Berichtigung stammte also aus einer anderen Quelle, wie sich jetzt sagen lässt, aus einer litterarhistorischen Quelle.

Ebendahin führt eine weitere Spur. Wir sahen, dass die drei Theile des ersten Pariser Tzetzestractats (*Pa*) genau den drei Anonymi IV. V. VI entsprachen. Selbst darin kommen sie überein, dass sie den ersten, den historischen Abschnitt (Anon. IV) mit einer Begriffsbestimmung der Komödie und Tragödie beschliessen, an die sich nicht ganz bequem der zweite Theil (die Zweitheilung der Komödie, Anon. V), um so bequemer aber der dritte (über das Lächerliche, Anon. VI) anfügt.

Anon. IV.

καὶ τῆς μὲν τραγωιδίας τὸ εἰς
ἔλεον κινῆσαι τοὺς ἀκροατάς·
ἴδιον, τῆς δὲ κωμωιδίας τὸ εἰς
γέλωτα. διό, φασίν, ἡ μὲν τραγωιδία
λύει τὸν βίον, ἡ δὲ κωμωιδία συνίστησιν.

Schol. Dion. p. 747, 20 (Stephanos).

διαφέρει δὲ κωμωιδία τραγωιδίας, ὅτι ἡ τραγωιδία ἱστορίαν
ἔχει καὶ ἐπαγγελίαν (l. ἀπ-) πράξεων γενομένων, ἡ δὲ κωμωιδία
πλάσματα περιέχει βιωτικῶν
πραγμάτων.

Tzetzes *Pa* § 12.

ἐστὶ δὲ κωμωιδία μίμησις πράξεως . . . .
καθαρτήριος παθημάτων, συστατικὴ
τοῦ βίου, διὰ γέλωτος καὶ ἡδονῆς τυπουμένη. διαφέρει δὲ τραγωιδία
κωμωιδίας, ὅτι ἡ μὲν τραγωιδία
ἱστορίαν ἔχει καὶ ἀπαγγελίαν
πράξεων γενομένων, κἂν ὡς ἤδη
γινομένας σχηματίζηι αὐτάς, ἡ δὲ κωμωιδία πλάσματα περιέχει βιωτικῶν πραγμάτων, καὶ ὅτι τῆς
μὲν τραγωιδίας σκοπὸς τὸ εἰς
θρῆνον κινῆσαι τοὺς ἀκροατάς,
τῆς δὲ κωμωιδίας εἰς γέλωτα.

Durch diese Erörterung wird der Zusammenhang von Anon. IV und V und ebenso der Zusammenhang bei Tzetzes gesprengt. Wenn jetzt folgte, was Tzetzes im dritten Theil und was der Anon. VI giebt 'die Quellen des Lächerlichen aber sind folgende' so wäre das ein natürlicher Fortschritt: es war aber auch der ursprüngliche, wie der Coislinianische Tractat deutlich zeigt (X d Jüb): κωμωιδία ἐστὶ μίμησις πράξεως γελοίου καὶ ἀμοίρου μεγέθους τελείου — ἔχει δὲ μη-τέρα τὸν γέλωτα; γίνεται δὲ ὁ γέλως ἀπὸ τῆς λέξεως — ἀπὸ τῶν πραγμάτων κτλ. Also der Anonymus IV sowol wie Tzetzes haben das Stück an unrechter Stelle. Der Anonymus kann nicht von Tzetzes abhängen, weil er älter ist, Tzetzes nicht von jenem, weil er mehr hat. Diese Quelle war inhaltlich eine litterarhistorische oder eine Poetik, wie der Coislinianische Tractat; da aber in einer historischen oder systematischen Schrift eine derartige Verstellung unmöglich ist, so muss eine Mittelquelle angenommen werden, deren Beschaffenheit die Verwirrung glaublich macht. Das können nur Excerpte sein, am besten Scholien wie die zum Dionys: in der Bekker'schen Sammlung steht gerade das betreffende Stück

(p. 747, 20) noch heute an ungeschickter Stelle in einem ganz unmöglichen Zusammenhang. Wie sich früher (S. 8) gezeigt hat, dass die Eukleidesquelle des Tzetzes die Theile der Komödie ganz nach Aristotelischem Vorbild sonderte, so finden wir hier die Definition der Komödie ganz der Aristotelischen Tragödiendefinition (c. 6) angeglichen. Aber daran ist nicht zu denken, dass die Komödiendefinition eben die verlorene des Aristoteles sei — Bernays (Zwei Abhandl. S. 145) hat einer derartigen Vermuthung den Boden entzogen — und ebenso erweist sich ein anderer verlockender Schein, als ob Tzetzes und der Anonymus in ihrer Quelle doch noch einen Rest vom echten Wortlaut der verlorenen Poetik vorgefunden hätten, sofort als trügerisch. Der namenlose Scholiast zur Rhetorik (p. 260, 1 Rabe) sagt: πόσα εἴδη εἰσὶν καθ᾽ ἃ κινῆσαι τις τοὺς ἀκροατὰς εἰς γέλωτα, εἴρηται ἐν τῶι Περὶ ποιητικῆς, dieselben Worte also die wir bei Tzetzes und dem Anon. IV lesen. Das sieht in der That aus wie ein Citat aus der Poetik, aber wie sollte der späte und ungelehrte Scholiast zu einer so kostbaren Perle gekommen sein. Er hat vielmehr nur Aristoteles' eigene Worte vor Augen, Rhet. III 18 p. 1419 b 2 περὶ δὲ τῶν γελοίων — εἴρηται πόσα εἴδη γελοίων ἔστιν ἐν τοῖς Περὶ ποιητικῆς. Aber dass er den gleichen Ausdruck braucht κινῆσαι τοὺς ἀκροατὰς εἰς γέλωτα, der bei Tzetzes und dem Anonymus wiederkehrt, das beweist dass er die gleiche Quelle benützt, also die Reminiscenz an die Rhetorik nicht aus dieser selbst schöpft. Nun wird aber ein Aristotelesscholiast, wenn er eine Bemerkung über die Arten des Lächerlichen anbringen will, nicht gerade in den Dionysscholien nachschlagen, sondern am natürlichsten in einer Poetik oder Litteraturgeschichte. Auch diese unscheinbare Spur bestätigt uns, dass die Materialien, die in den Dionysscholien noch heute in Fülle vorliegen, dem Tzetzes aber noch in grösserer Fülle vorgelegen haben, auf eine sehr ergiebige litterarhistorische Quelle zurückzuleiten sind.

Verschwendung ist ebensowenig ein Beweis des Reichthums wie des guten Geschmacks. Es ist nicht wahrscheinlich, dass schon die ältesten Erklärer, die an sich sehr einfachen ersten Paragraphen der Dionysianischen Τέχνη mit einem Wust gelehrter Anmerkungen verbrämt haben, die zum besseren Verständniss des Textes nicht viel beitragen konnten, den Leser vielmehr langweilen und hemmen mussten. Was ein jeder der gelehrten Philosophen oder Grammatiker unter τέχνη verstanden, wie ein jeder Begriff und Umfang der Grammatik begrenzt, wie sie den Unterschied von ποιήματα und συγγράμματα gefasst und die Erfordernisse der ἀνάγνωσις bestimmt haben, das alles zu verzeichnen wurde erst für diejenige Zeit ein Bedürfniss, in der die einst lebendigen wissenschaftlichen Begriffe und Anschauungen abgestorben waren und durch fossile Gelehrsamkeit zu einem neuen Scheinleben zurückgerufen werden mussten. Litterarhistorische Forschung lag den Philologen nach Proklos' Zeit fern, sie waren mehr im modernen als im griechischen Sinne Grammatiker. Um so stattlicher aber sah es aus, wenn diese Helden der Κανόνες und Ἐπιμερισμοί zum Staunen ihrer Schüler altphilologische Gelehrsamkeit scheffelweise aus den Aermeln schüttelten. Natür-

lich durfte sie nicht viel kosten, und die verschwenderische Art, mit der die
Scholiasten zu den ersten beiden Paragraphen des Dionys das alte Gut auf den
Markt geworfen haben, zeigt deutlich wie bequem ihnen der Erwerb geworden
und wie handliche und reichliche Quellen ihnen zu Gebote standen. Gerade diese
Theile der Dionysscholien haben bisher am wenigsten Beachtung gefunden, was
zwar aus vielen Gründen begreiflich, aber doch aus noch mehr Gründen bedauerlich genug ist. Nur wenige Leute können die theils noch ungehobenen, theils
noch ungeordneten Schätze überschauen, und wir anderen mögen, selbst auf die
Gefahr hin bei lückenhaften Kenntnissen fehlzugreifen, das zugängliche Material
nicht ungenützt liegen lassen. Der merkwürdigste Commentar zu Dionys § 2
(Περὶ ἀναγνώσεως) ist aus einer Handschrift des British Museum von Cramer
Anecd. Oxon. IV 308 herausgegeben worden: einen Theil habe ich früher schon
herangezogen (S. 6), jetzt verlangt das Ganze eine nähere Betrachtung. Eine
gewisse Verwandtschaft mit den umfänglichen Bekkerschen Scholien ist überall
zu spüren, ganze Sätze finden sich in beiden Sammlungen, öfters in wörtlicher Uebereinstimmung wieder. Das beweist den gemeinsamen, einheitlichen
Ursprung aller dieser Commentare. Um so deutlicher aber zeigt die Londoner Handschrift, wie unendlich ausführlicher die Scholien dereinst gewesen
sind, zumal das was sie bewahrt hat selbst schon durch Kürzungen und Auslassungen oft bis zum äussersten entstellt und völlig zusammenhangslos geworden ist.

An die Worte des Dionys (§ 2 ἀνάγνωσίς ἐστι ποιημάτων ἢ συγγραμμάτων
ἀδιάπτωτος προφορά knüpft der Scholiast eine kurze Anseinandersetzung über
den Unterschied von Prosa und Poesie, daran eine sehr ausführliche Darlegung
des Begriffs, des Umfangs, der Gattungen und Arten der Poesie. Kurz es sind
hier die Reste einer Systematik der griechischen Poesie, einer Poetik im Auszug erhalten. Eine ganz vorzügliche Quelle ist mechanisch ausgeschrieben, zu
Anfang, wie es zu geschehen pflegt, reichhaltiger und genauer, allmälig immer
flüchtiger, bis zur blossen Notirung einzelner Stichwörter. Schon dies allein
beweist, dass eine einheitliche Quelle zu Grunde liegt: für den nächstliegenden
Zweck, die Erklärung des Dionys, war das alles mehr oder weniger werthlos,
der Scholiast excerpirt mit wachsendem Widerwillen und hört nur darum nicht
früher auf zu excerpiren, weil seine Quelle nicht aufhört. Wieviele Stadien der
Verdünnung und Verkürzung die Excerpte bis zu ihrem vorliegenden Zustand
durchlaufen haben, lässt sich natürlich nicht sagen, aber Originalexcerpte sind
es gewiss nicht. Ich meine, die Quelle des Scholiasten lässt sich mit Namen
nennen, es ist dasselbe Handbuch der poetischen Litteratur, aus dem wir noch
einen weiteren stark gekürzten Auszug besitzen. Von der Chrestomathie des
Proklos hat Photios (Cod. 239) nur einen Auszug gelesen und aus diesem Auszug selbst wieder nur das wichtigste ausgezogen, das heisst das was ihm das
wichtigste und lehrreichste zu sein schien. Sein Bericht, sehr ausführlich über
die Einzelarten der lyrischen Dichtung, sehr kurz über das Epos, wie die Excerpte der Venezianischen Homerhandschrift zeigen, erweist sich als besonders

ungenügend zu Anfang, wo Proklos allgemeine Fragen behandelt hatte. Dass die Chrestomathie im IX. Jahrhundert epitomirt vorlag, ist ein Beweis dafür, dass das nützliche Buch gelesen und gebraucht wurde, und nicht minder dafür, dass die ursprüngliche Fassung sehr ausführlich war: um so auffallender, dass so wenige Spuren von ihm übrig geblieben scheinen. Ich glaube aber, dass der Schein trügt, und dass in Wahrheit Proklos' Buch direct oder indirect allen folgenden Jahrhunderten die litterarhistorischen Kenntnisse vermittelt hat.

Aus dem ersten einleitenden Abschnitt des Proklos hat Photios nur ein paar zusammenhangslose Sätze mitgetheilt, die sogleich empfinden lassen, wieviele Bindeglieder er bei Seite gelassen hat. Er beginnt also: καὶ ἐν μὲν τῶι α΄ λέγει ὡς αἱ αὐταί εἰσιν ἀρεταὶ λόγου καὶ ποιήματος, παραλλάσσουσι δὲ ἐν τῶι μᾶλλον καὶ ἧττον. Dann folgen sogleich die drei Stilarten, ein Stück, das dem rhetorischen Interesse des Photios gemäss viel ausführlicher wiedergegeben wird, dann ganz kurz die κρίσις ποιήματος, endlich als Ueberleitung zum systematischen Theil die Gattungen der Poesie. Ich vergleiche zunächst, um festen Boden zu gewinnen, die breitere Behandlung der Stilarten mit dem betreffenden Capitel in den Cramer'schen Scholien:

Proklos:

καὶ ὅτι τοῦ πλάσματος τὸ μέν ἐστιν ἰσχνόν, τὸ δὲ ἁδρόν, τὸ δὲ μέσον. καὶ τὸ μὲν ἁδρὸν ἐκπληκτικώτατόν ἐστι καὶ κατεσκευασμένον μάλιστα καὶ ποιητικὸν ἐπιφαῖνον (l. ἐμφαῖνον) κάλλος. τὸ δὲ ἰσχνὸν τὴν τροπικὴν μὲν καὶ φιλοκατάσκευον σύνθεσιν μεταδιώκει, ἐξ ἀνειμένων δὲ μᾶλλον συνήρτηται, ὅθεν ὡς ἐπίπαν τοῖς γοεροῖς ἄριστά πως ἐφαρμόττει. τὸ δὲ μέσον καὶ τοὔνομα [μὲν] δηλοῖ ὅτι μέσον ἐστὶν ἀμφοῖν. ἀνθηρὸν δὲ κατ' ἰδίαν οὐκ ἔστι πλάσμα, ἀλλὰ συνεκφέρεται καὶ συμμέμικται τοῖς εἰρημένοις, ἁρμόζει δὲ τοπογραφίαις καὶ λειμώνων ἢ ἀλσῶν ἐκφράσεσιν. οἱ δὲ τῶν εἰρημένων ἀποσφαλέντες ἰδεῶν ἀπὸ μὲν τοῦ ἁδροῦ εἰς τὸ σκληρὸν καὶ ἐπηρμένον ἐτράπησαν, ἀπὸ δὲ τοῦ ἰσχνοῦ εἰς τὸ ταπεινόν, ἀπὸ δὲ τοῦ μέσου εἰς τὸ ἀργὸν καὶ ἐκλελυμένον.

Scholien:

ποιήματος πλάσματα ἁδρόν, ἰσχνόν, ἀνθηρὸν τὸ καὶ μέσον. ἁδρὸν τὸ διηρημένον (διηρημένον cod.) ὄγκωι τῶι κατὰ φύσιν, οἶον τὸ 'ἀμφὶ δ' ἄρ' Αἴαντας δοιοὺς ἵσταντο φάλαγγες' (Ν 126). ἰσχνὸν τὸ συνεσταλμένον [ὄγκωι τῶι κατὰ φύσιν] οἷον 'ὡς δ' ὅταν ὠδίνουσαν ἔχηι βέλος' (Λ 269). ἀνθηρὸν τὸ μέσον ἀμφοῖν, οἷον 'ὡς δ' ὅτε Πανδάρεω κούρη' (τ 518). ἀνθηρὸν δὲ λέγεται ὅτι ἁρμόζει μάλιστα πρὸς ἀπαγγελίαν λειμώνων καὶ ἀνθέων. ἀντίκειται δὲ τῶι μὲν ἁδρῶι τὸ σκληρὸν καὶ τὸ παχύ, τῶι δὲ ἰσχνῶι τὸ ξηρὸν καὶ τὸ βραχύ· τῶι δὲ ἀνθηρῶι τὸ ἀγλαυκὲς (l. ἀγλευκὲς) καὶ τὸ λογοειδές.

In dieser Behandlung der drei Theophrastischen Stilgattungen (πλάσματα, figurae beim Rhetor ad Herenn. IV 8, 11) sind bei vielfacher Uebereinstimmung die Erläuterungen selbst nur zum Theil gleich, aber man braucht nur andere Zeugen zu befragen, um zu erkennen, dass die gemeinsame Vorlage des Scholiasten und des Photios sich erst aus den Excerpten beider zusammensetzt.

DIE PROLEGOMENA ΠΕΡΙ ΚΩΜΩΙΔΙΑΣ   19

Während der Scholiast nur die Definitionen wiedergiebt, weil sie voranstanden, hält Photios sich mehr an die Wirkungen der einzelnen Stilarten. Dabei hat ihm aber seine Flüchtigkeit einen bösen Streich gespielt: alles was Proklos vom μέσον oder ἀνθηρόν gesagt hatte, hat Photios auf das ἰσχνόν übertragen: schon die Form des Satzes ('zwar — aber' weist auf die Characteristik nicht eines Extrems sondern eines Mittleren. Das μέσον verwendet zwar Tropen und Wortschmuck, aber es ist kein überwältigender Pruuk (ἐκπληκτικόν), sondern mild erfreuende Schönheit (ἐξ ἀνειμένων), wie es gauz ähnlich Quintilian ausdrückt (XII 10, 60): *melius hic et* (wol *etsi*) *translationibus crebrior et figuris erit iucundior, egressionibus amoenus, compositione aptus, sententiis dulcis, lenior tamen ut amnis lucidus quidem sed virentibus utrimque ripis inumbratus*. Eben dadurch eignet es sich für die Klage τὰ γοερά) z. B. der Pandareostochter, wie der Scholiast richtig angiebt. Die Characteristik des ἰσχνόν ist bei Photios völlig ausgefallen, beim Scholiasten dafür durch eine Dittographie entstellt (ὄγκωι τῶι κατὰ φύσιν aus dem vorhergehenden wiederholt. Die Bemerkung, dass das ἀνθηρὸν γένος sich besonders für friedliche Naturbeschreibungen eigne, ist beiden gemeinsam, nur dass Photios λειμώνων ἢ ἀλσῶν sagt, der Scholiast λειμώνων καὶ ἀνθέων. Die Blumen möchte man schon um des Namens willen, den die Gattung trägt, nicht missen — ein Muster dieser Art war Chairemon, vgl. Athen. XIII 605 d —, die Haine werden zwar durch Diomedes nicht sicher gestellt p. 483. 19 K), dessen Gewährsmann ja auch ähnlichen griechischen Vorlagen folgte, der aber hier die *amoenitas luci* nur auf Grund einer Vergilstelle heranshebt, trotzdem möchte man sie neben den λειμῶσι ebenso wenig wie die Blumen entbehren. Proklos hatte vermuthlich Wiesen und Haine, Blumen und Bäume, Flüsse und Quellen erwähnt. Nach Photios artet das ἰσχνόν bei ungeschickter Behandlung in das ταπεινόν aus [1]), nach dem Scholiasten in das ξηρόν und βραχύ. Die Vorlage hatte wahrscheinlich alle drei Ausdrücke, vgl. Demetr. de eloc. 236 (χαρακτὴρ ὁ ξηρὸς καλούμενος). Gellius VI 14 (*aequalentes et ieiuni*). ad Herenn. IV 11. 16 (*reniunt ad aridum et exsangue genus, quod non alienum est exile nominari*). Das ἀνθηρόν führt auf dem Wege der Entartung nach Photios zum ἀργόν und ἐκλελυμένον, nach dem Scholiasten zum ἀγλευκές und zum λογοειδές, letzteres ein ganz nothwendiger Zusatz, da es sich bei Proklos um den poetischen Stil handelte, wie auch Photios beim ὑδρόν hervorhebt, dass es ποιητικὸν κάλλος ἐμφαίνει. Von den übrigen Ausdrücken entspricht Photios' ἀργὸν καὶ ἐκλελυμένον dem *fluctuans* und *dissolutum, quod est sine nervis et articulis* beim Rhetor ad Herenn. IV 11. 16 (vgl. Gellius VI 14. 5 *incerti et ambigui pro mediocribus*); das ἀγλευκές,

---

[1] Passend und gewiss der Vorlage entsprechen*d* drückt Photius den Begriff der Entartung aus οἱ δὲ ἀποσφαλέντες ἐρρυπήσαν κτλ. So sagt Gellius *fallunt*, der Rhetor ad Her. *errantes perveniunt* oder *declinantur*. Demetrius (1-6) etwas anders καθάπερ δὲ τῶι μεγαλοπρεπεῖ παρέκειτο ὁ ψυχρὸς χαρακτήρ, οὕτω τῶι γλαφυρῶι παράκειταί τις διημαρτημένος. Danach könnte man versucht sein beim Dionysscholiasten παρόκειται fur das unangemessene ἀντίκειται zu vermuthen. Aber es wird besser sein nicht zu ändern: der Mann hat eben einen ganz allgemeinen Ausdruck gewählt, und es ist fraglich, ob er das Sachverhaltniss überhaupt verstanden hat.

3*

wenn richtig emendirt, kann ich sonst nicht nachweisen: es ist 'reizlos', also geradezu das Gegentheil vom ἀνθηρόν. Demetrius (186) fasst die Entartungen des γλαφυρόν in das eine Wort κακόζηλον zusammen. In welcher Weise die beiden Excerpte sich gegenseitig ergänzen, zeigen die drei Homercitate beim Scholiasten. Photios sagt, dass das ἰσχνόν (er meint das ἀνθηρόν) sich am besten für die Klage eigne: dafür deutet der Scholiast die Odysseestelle an, wo die Klage der Pandareostochter um ihren Itylos geschildert wird (τ 518), also einen Beleg für das γοερόν. Natürlich hatte Proklos die drei Homerstellen, vortrefflich gewählte Beispiele, ausführlich gegeben; sie sind nicht von ihm ausgesucht sondern stammen aus seiner Quelle, bei Diomedes (p. 483) sind sie durch Vergilcitate ersetzt.

Offenbar hat die Betrachtung der poetischen Stilgattungen nicht am Anfang der Chrestomathie gestanden, auch der eine Satz, den Photios aus dem vorhergehenden bewahrt hat, dass Prosa und Poesie sich nur durch ein Mehr oder Weniger gemeinsamer Eigenschaften unterscheiden, genügt nicht um die Lücke zu füllen. Es musste erörtet werden, was Poesie, was ein Gedicht, was ein Dichter sei, was die Poesie und mit welchen Mittel sie es bewirke. Genau diese Fragen werden in den Cramer'schen Dionysscholien mit wünschenswerther Deutlichkeit behandelt. Die scholastische Scheidung der drei Prosaarten (συγγραφεύς, ἱστορικός, ῥήτωρ) lasse ich hier bei Seite (vgl. p. 733, 18 B. Doxopater Rh. gr. II 199 W), ein anderer Geist aber spricht aus dem folgenden:

ποιητὴς δὲ κεκόσμηται τοῖς τέσσαρσι τούτοις, μέτρωι μύθωι ἱστορίαι καὶ ποιᾶι λέξει, καὶ πᾶν ποίημα μὴ μετέχον ⟨τῶν τεσσάρων⟩ τούτων οὐκ ἔστι ποίημα, εἰ καὶ μέτρωι κέχρηται [1]).

ἐστὶ δὲ μέτρον μὲν ποιά καὶ ποσή λέξεων ἀπηρτισμένων σύνθεσις κατά τε μέγεθος [ἀπηρτισμένως] καὶ τάξιν συλλαβῶν, ἐν ἰσότητι ἢ ὁμοιότητι ἢ οἰκειότητι ἤτοι τῶν μερῶν πρὸς ἄλληλα ἢ τοῦ ὅλου πρὸς ἕτερα (πρὸς τὰ μέρη?). ποιά δὲ ⟨λέξις⟩ λέγεται ἡ ὀνοματοπεποιημένη· πλάσμα δὲ τὸ μὴ ἀληθῶς πεποιημένον, ἀλλ' ὑπό τινος ἐσκευασμένον [2]). ἱστορία δὲ πραγμάτων γεγονότων ἢ ὄντων ἐν δυνατῶι σαφὴς

---

[1] Diese Worte mögen ursprünglich eine andere Fassung gehabt haben. In den Bekker'schen Scholien p. 734, 14 heisst es nach οὐκ ἔστι ποίημα so: ἀμέλει τὸν Ἐμπεδοκλέα καὶ Τυρταῖον οὐ καλοῦσι ποιητάς, εἰ καὶ μέτρωι ἐχρήσαντο. διὰ τὸ μὴ χρήσασθαι αὐτοὺς τοῖς τῶν ποιητικῶν (l. ποιητῶν) χαρακτηριστικοῖς. Empedokles stammt bekanntlich aus Aris'. Poet. c. 1, Tyrtaios befremdet zunächst, vgl. eine weitere Fassung bei Bekker p. 733, 13 οὐκ ἔστι ποιητὴς ὁ μέτρωι μόνωι χρώμενος· οὐδὲ γὰρ Ἐμπεδοκλῆς ὁ τὰ φυσικὰ γράψας οὐδ' οἱ περὶ ἀστρολογίας εἰπόντες οὐδὲ ὁ Πύθιος ἐμμέτρως χρησμωιδῶν. Aber die Liste der Nichtdichter konnte erheblich erweitert werden: nicht nur Xenophanes, Parmenides, Arat, Nikander gehörten dahin, sondern alle Didaktiker schlechthin, sogar Theognis (Plut. quomodo adulator p. 16 c); warum nicht auch Tyrtaios? Vgl. Diels Parmenides 5.

[2] Der Wortlaut ist gewiss nicht in Ordnung, man erwartet πλάσμα δὲ τὸ μὴ ἀληθές, ἀλλὰ πεποιημένον καὶ ὑπό τινος ἐσκευασμένον oder dergl. Soviel ist sicher, dass πλάσμα hier in anderem Sinne steht als bald darauf; es ist was der Rhetor ad Herennium figura oratoria nennt (s. o. S. 15), die λέξις, die durch die Kunst des Dichters ἔντεχνος, πεποιημένη, ποιά τις wird. Der Satz ist also eng mit dem vorhergehenden verbunden.

ἀπαγγελία. μῦθος δὲ ξένων πραγμάτων ἀπηρχαιωμένη διήγησις ἢ ἀδυνάτων πραγμάτων παρεισαγωγή. πλάσμα τὸ δυνάμενον μὲν γενέσθαι, μὴ γενόμενον δέ. ἱκανὸς δὲ ὁ μῦθος σιωπῆσαι δι᾿ ἡδονῆς[1]). ἡ γὰρ μετὰ συλλογισμῶν ἀκρόασις πολλάκις τὸν ἀκούοντα πρὸς ἀντίρρησιν κινεῖ. ἡ δὲ ποιητικὴ ἔχει μὲν τὸ προσαγωγὸν ἐκ τῆς ἡδονῆς, δυσωπεῖ δὲ οὐκ ἐξ ἀγῶνος ἀλλ᾿ ὥσπερ φυσικῶς ἐναντιουμένη. τοῦτον γοῦν τὸν τρόπον φαίνεται καὶ Ὅμηρος πεποιηκέναι· ἐν ὅσωι γὰρ (ὁ) ἀοιδὸς παρῆν τῆι Κλυταιμνήστραι. ἀπῆγεν αὐτὴν τοῦ περὶ πορνείαν ἔχειν, καὶ τοῦτο ὁρῶντα Αἴγισθον πρότερον ἐκβαλόντα τὸν ἀοιδὸν οὕτως ἀναπεῖσαι.
ἐστὶ δὲ ποιητικὴ ἀπαγγελία πραγμάτων διὰ μέτρων καὶ ῥυθμῶν μετά τινος κατασκευῆς. τὸ μυθῶδες μετὰ καὶ τοῦ ἀληθοῦς ἐνίοτε συμπεπλεγμένον, μετὰ ⟨δὲ⟩ καὶ ἱστορίας ἐν ποιᾶι λέξει περιέχουσα. ποιητὴς δὲ ὁ κατὰ μετουσίαν τῆς ποιητικῆς ὄνομα ἐσχηκὼς τεχνίτης· ποίησις δὲ κυρίως ἡ διὰ μέτρων ἐντελὴς ὑπόθεσις, ἔχουσα ἀρχὰς καὶ μέσα καὶ πέρατα. ποίημα δὲ μέρος ποιήσεως[2]).

Zunächst fallen hier deutliche Anklänge an die Aristotelische Poetik auf. Nicht nur dass Empedokles von den Dichtern ausgeschlossen wird (S. 20 Anm. 1), auch die ποίησις wird definirt nach dem Muster der Aristotelischen Tragödiendefinition (Poet. c. 7). und dabei muss eine absichtliche Variation des Ausdrucks beachtet werden: anstatt τελεία καὶ ὅλη πρᾶξις sagt der Scholiast ἐντελὴς ὑπόθεσις, statt ἀρχὴν καὶ μέσον καὶ τελευτὴν ἔχον sagt er ἀρχὰς καὶ μέσα καὶ πέρατα ἔχουσα. Gleich daneben aber steht eine Definition der ποιητική, die Poseidonios ἐν τῆι Περὶ λέξεως εἰσαγωγῆι gegeben hatte, und die Diogenes L. VII 60 nur zum Theil wiedergiebt: ποίημα ἐστι λέξις ἔμμετρος ἢ ἔνρυθμος μετὰ σκευῆς (l. κατασκευῆς), τὸ λογοειδὲς ἐκβεβηκυῖα. [τὸ] ἔνρυθμον δὲ εἶναι τὸ 'Γαῖα μεγίστη καὶ Διὸς αἰθήρ'. Vervollständigen lässt sie sich dem Sinne nach aus Strabo I p. 20. der ganz nach Art des Poseidonios von Homer sagt: οὕτως ἐκεῖνος ταῖς ἀληθέσι περιπετείαις προσεπετίθει μῦθον, ἡδύνων καὶ κοσμῶν τὴν φράσιν, πρὸς δὲ τὸ αὐτὸ τέλος τοῦ ἱστορικοῦ καὶ τοῦ τὰ ὄντα λέγοντος βλέπων. Damit stimmt der Scholiast durchaus, wenn er mythische oder historische Zuthat verlangt, und zwar ἐν ποιᾶι λέξει, d. h. μετὰ κατασκευῆς τὸ λογοειδὲς ἐκβεβηκυίαι, vgl. Diog. L. a. O. 59 κατασκευὴ δ᾿ ἐστὶ λέξις ἐκπεφευγυῖα τὸν ἰδιωτισμόν. Wahrschein-

---

1) Die Verbesserung wird sich später ergeben.
2) Aehnliches giebt Quintilian X 1, 28 mit freien Ausführungen wieder: *meminerimus tamen non per omnia poetas esse oratori sequendos nec libertate verborum nec licentia figurarum; genus <esse poesin> ostentationi comparatum et praeter id quod solam petit voluptatem eamque etiam fingendo non falsa modo sed etiam quaedam incredibilia sectatur, patrocinio quoque aliquo iuvari: quod alligata ad certam pedum necessitatem non semper uti propriis possit, sed depulsa recta via necessario ad eloquendi quaedam deverticula confugiat, nec mutare quaedam modo verba sed extendere corripere concertere dividere cogatur.* Die Lücke zu Anfang hat man verschieden ergänzt, dass das Wort *poesis* fehle, hat Halm richtig gesehen. An *genus* darf man nicht rühren, da eben Poesie und Prosa zwei Arten derselben Gattung sind. Der Poesie stilistisch verwandt ist die epideiktische Rede, die darum auch den dichterischen Ausdruck nicht verschmäht, den Gorgias sogar auf die politische Rede übertrug (Dionys bei Syrian I p. 10. 11 Rabe); Quintilian redet von der Epideixis genau wie von der Poesie (VIII 3, 11): *namque illud genus ostentationi compositum solam petit audientium voluptatem ideoque omnes dicendi artes aperit* u. s. w.

lich ist beim Scholiasten zu schreiben ἐστὶ δὲ ποίημα ἀπαγγελία κτλ., wenn nicht etwa die Corruptel tiefer liegt, vielleicht besser ἐστὶ δὲ ⟨ποίημα⟩ ποιητικὴ ἀπαγγελία. Das Buch des Poseidonios war Περὶ λέξεως überschrieben, handelte also nicht speciell vom poetischen Stil, sondern vom Stil überhaupt. Wenn er trotzdem zu einer Definition der Poesie veranlasst wurde, muss er von einer Vergleichung des prosaischen mit dem poetischen Stil, der Prosa mit der Poesie ausgegangen sein. Die Stoa hatte bekanntlich behauptet, dass Homer die Quelle und der Lehrer aller Künste und Wissenschaften sei: den umfassendsten Beweis für diese Behauptung liefert die Plutarchische Homerabhandlung. Eratosthenes hatte sich darüber lustig gemacht und Hipparch ihm zugestanden, dass es eine Uebertreibung sei (Strabon I p. 16): nur dürfe man wieder nach der anderen Seite nicht zu weit gehen und meinen, dass man vom Dichter nichts lernen könne, dass er gar nichts beitrage zur Bildung seiner Leser. Insbesondere, sagt er (p. 17 a. E.), τὸ καὶ τὴν ῥητορικὴν ἀφαιρεῖσθαι τὸν ποιητὴν τελέως ἀφειδοῦντος ἡμῶν ἐστιν. τί γὰρ οὕτω ῥητορικὸν ὡς φράσις, τί δ' οὕτω ποιητικόν; τίς δ' ἀμείνων Ὁμήρου φράσαι; νὴ Δία, ἀλλ' ἑτέρα φράσις ἡ ποιητική. τῶι γε εἴδει, ὡς καὶ ἐν αὐτῇι τῇι ποιητικῇι ἡ τραγικὴ καὶ ἡ κωμική, καὶ ἐν τῇι πεζῇι ἡ ἱστορικὴ καὶ ἡ δικανική. ἆρα γὰρ (ob ἆρά γε?) οὐδ' ὁ λόγος ἐστὶ γενικός, οὗ εἴδη ὁ ἔμμετρος καὶ ὁ πεζός; ἢ λόγος μέν. ῥητορικὸς δὲ λόγος οὐκ ἔστι γενικὸς καὶ φράσις καὶ ἀρετὴ λόγου; ὡς δ' εἰπεῖν ὁ πεζὸς λόγος ὅ γε κατεσκευασμένος μίμημα τοῦ ποιητικοῦ ἐστιν. Aus der poetischen Rede sei allmälig die Prosa hervorgewachsen; zuerst habe man das Metrum aufgegeben, die poetische Sprache aber beibehalten, dann sei auch diese von ihrer Höhe herabgestiegen, καθάπερ ἄν τις καὶ τὴν κωμῳδίαν φαίη λαβεῖν τὴν σύστασιν ἀπὸ τῆς τραγῳδίας καὶ τοῦ κατ' αὐτὴν ὕψους καταβιβασθεῖσαν εἰς τὸ λογοειδὲς νυνὶ καλούμενον κτλ. Das ist genau die Lehre des Poseidonios — Hipparch und er gehen in der interessanten Polemik des Strabon gegen Eratosthenes ganz in- und durcheinander —, da er die poetische Sprache für eine λέξις ἔμμετρος ἢ ἔνρυθμος μετὰ κατασκευῆς τὸ λογοειδὲς ἐκβεβηκυῖα erklärte. Wer so definirt und so argumentirt, muss auch gesagt haben, dass die Sprache der Poesie und der Prosa, da beide nur Arten derselben Gattung seien, des λόγος γενικός, sich nur durch ein Mehr oder Weniger unterscheiden, also, wie Photios aus Proklos citirt. αἱ αὐταί εἰσιν ἀρεταὶ λόγου καὶ ποιήματος, παραλλάσσουσι δὲ ἐν τῶι μᾶλλον καὶ ἧττον, wobei zu beachten ist, dass der Ausdruck ἀρετὴ λόγου auch bei Strabon wiederkehrt. Dieser Satz des Proklos verbindet sich also mit der beim Dionysscholiasten erhaltenen Definition des Poseidonios zu einer nothwendigen Einheit, so gut wie die ganze Darlegung Strabons eine Einheit bildet, aus der wir noch ein weiteres Stück heranziehen müssen, um die Quellen der Dionysscholien zu bestimmen.

Eratosthenes hatte behauptet ποιητὴν πάντα στοχάζεσθαι ψυχαγωγίας, οὐ διδασκαλίας, im Gegensatz zu den alten Philosophen, denen die Poesie als Philosophie galt, die die Jugend in das Leben einführe und sie ἤθη καὶ πάθη καὶ πράξεις lehre und zwar μεθ' ἡδονῆς. Daher denn auch die Stoiker lehrten, dass der Weise allein Dichter sein könne. διὰ τοῦτο, führt Strabon fort (p. 15 a. E.), καὶ τοὺς παῖδας αἱ τῶν Ἑλλήνων πόλεις πρώτιστα διὰ τῆς ποιητικῆς παιδεύουσιν, οὐ ψυχαγωγίας χάριν δήπουθεν ψιλῆς ἀλλὰ σωφρονισμοῦ. Ebenso seien die Musiker, nach der Lehre nicht nur der Pythagoreer sondern auch des (Aristotelikers) Aristoxenos, παιδευτικοὶ καὶ ἐπανορθωτικοὶ τῶν ἠθῶν. Und Homer selbst habe die Sänger als σωφρονισταί angesehen, καθάπερ τὸν τῆς Κλυταιμνήστρας φύλακα, 'ᾧι πόλλ' ἐπέτελλεν Ἀτρείδης Τροίηνδε κιὼν εἴρυσθαι ἄκοιτιν', τὸν δὲ Αἴγισθον οὐ πρότερον αὐτῆς περιγενέσθαι πρὶν ἢ 'τὸν μὲν ἀοιδὸν ἄγων ἐς νῆσον ἐρήμην κάλλιπεν, τὴν δ' ἐθέλων ἐθέλουσαν ἀνήγαγεν ὅνδε δόμονδε'. Eratosthenes meinte, der Dichter habe es nur mit dem μῦθος zu thun, im Gegensatz zum Historiker, dessen Ziel die Wahrheit der Thatsachen sei; darum dürfe man von ihm keine thatsächliche Wirklichkeit, z. B. in geographischen Angaben, verlangen und seine Dichtung auch nicht κρίνειν πρὸς τὴν διάνοιαν; die Wirkung aber des Mythos sei ἡδονή und ἔκπληξις (p. 17). Was die Gegner unter Zustimmung Strabons erwiderten, haben wir gehört: dem μῦθος machten sie nur das Zugeständnis, dass er eine καινολογία und darum wie jedes καινόν ein ἡδύ sei, zu verwenden aber nur als φίλτρον, die Lernbegier des Knaben zu reizen und, insofern manche Mythen furchterregend seien, als Mittel ihn vom Bösen zurückzuschrecken (p. 19). Das ist im Grunde Aristotelische Lehre, nur zu einem anderen Ziel gewendet. Aristoteles sagt (Rhet. I p. 1371 a 29 , jede Vergangenheit sei ein ἡδύ, weil sie sich von der bekannten Gegenwart (also als eine καινολογία) unterscheide; das Staunen vor dem Unbekannten reize die Lust es kennen zu lernen, die Lernlust überhaupt, und dies sei die Grundlage alles Vergnügens das man an den nachahmenden Kunstwerken empfinde, es reize den συλλογισμός, ὅτι τοῦτο ἐκεῖνο, ὥστε μανθάνειν τι συμβαίνει. Vgl. Poet. 4 p. 1448 b 15 διὰ γὰρ τοῦτο χαίρουσι τὰς εἰκόνας ὁρῶντες, ὅτι συμβαίνει θεωροῦντας μανθάνειν καὶ συλλογίζεσθαι τί ἕκαστον, οἷον ὅτι οὗτος ἐκεῖνος. Diesen nämlichen Ausdruck συλλογισμός finden wir beim Dionysscholiasten verwendet, der offenbar, wie schon die Odysseestelle zeigt, die zwischen Eratosthenes und Hipparch (oder Poseidonios) erörterte Streitfrage in seiner Quelle behandelt gefunden hatte: 'wenn das Hören einer Dichtung mit συλλογισμός verbunden ist, wird der Hörer oft zum Widerspruch gereizt', da er über das Gehörte, das als wissenschaftliche Belehrung gedacht ist, nachdenkt und dadurch beunruhigt wird. Das ist aber nicht die Aufgabe der Poesie, heisst es weiter: 'die Poesie (zumal der Mythos, der ihr Wesen ausmacht) hat die Fähigkeit zu fesseln (τὸ προσαγωγόν) und zwar dadurch dass sie aesthetisches Vergnügen bereitet (ἐκ τῆς ἡδονῆς), wenn sie aber daneben auch die Seele kritisch beunruhigt (δυσωπεῖ) [1], so thut sie das nicht ἐξ ἀγῶνος sondern

---

1) Die jüngere Gräcität braucht δυσωπεῖν als Synonym von ὑφορᾶν und ὑποπτεύειν oft genug, sowol transitiv wie intransitiv. Daneben aber steht es in der Bedeutung 'stutzig, kopfscheu machen', z. B. bei Sextus Emp. p. 152, 24 τοὺς σκεπτικοὺς ἐντρέπουσι μὲν οἱ λόγοι, δυσωπεῖ δὲ καὶ ἡ ἐνάργεια. Die classische Zeit scheint nur δυσωπεῖσθαι in der bekannten Bedeutung zu haben.

ὥσπερ φυσικῶς ἐναντιουμένη". Wie das zu verstehen ist, lehrt Sextus Emp.
(407, 4): οὐ μόνον τὰ καθ' Ἅιδην πλαττόμενα ἀλλὰ καὶ κοινῶς πάντα μῦθον μά-
χην παρεσχηκέναι συμβέβηκε καὶ ἀδύνατον εἶναι. Weil jeglicher Mythos etwas
unmögliches enthält, erweckt er Widerspruch, seine innerste Natur ist der
menschlichen Vernunftsnatur an sich entgegengesetzt. Der ἀγών also zwischen
Vernunft und Mythos liegt nicht in der Absicht des Dichters, auf dass der
Hörer durch das Unerhörte zu scharfsinnigem Widerspruch gereizt wird (οὐκ ἐξ
ἀγῶνος), sondern ist in der Natur der Sache begründet. Das Excerpt des Scholiasten ist nicht genau genug, um den ganzen Gedankengang der Vorlage wieder-
herzustellen, aber soviel ist klar, dass ein Einwand gegen die allzu schroffe
stoische Auffassung vorliegt, die Poesie sei nichts als διδασκαλία, der Dichter
nichts als φιλόσοφος. Eine doppelte Wirkung wird ihr zugesprochen, das εὐφραί-
νειν und das δυσωπεῖν, das macht zusammen das ψυχαγωγεῖν aus, die Quelle
beider Wirkungen ist der μῦθος. Diese Wirkung wird belegt durch die Homer-
stelle: der Sänger fesselt durch seine Erzählungen die Klytaimestra, so dass sie
den Verführerkünsten des Aigisth keine Aufmerksamkeit schenkt; sie verfällt
ihnen, sobald der Sänger entfernt wird. Nicht durch Einwirkung auf ihren In-
tellect, sondern auf ihre Seele hat der Sänger die Gattin des Agamemnon vor
dem Verderben geschützt, er ist also für sie ein σωφρονιστής geworden und doch
ein ψυχαγωγός geblieben. Das ist ein Mittelweg, auf dem beide Parteien zu
ihrem Recht kommen sollen[1]. Ist diese Auslegung der Worte richtig, so kann
auch die Verbesserung der entstellten Worte ἱκανὸς δὲ ὁ μῦθος σιωπῆσαι δι'
ἡδονῆς mit Sicherheit gegeben werden. Usener (Rhein. Mus. XXV 608) schlug
δυσωπῆσαι vor, aber der Begriff passt nicht zu δι' ἡδονῆς und ist auch nicht
weit genug. Gemeint ist was die ἡδονή und das δυσωπεῖν umfasst, das ist
ψυχαγωγῆσαι. Um diese Wirkung hervorzubringen, dafür ist der Mythos aus-
reichend, dafür wird dann der Beweis geführt. Der Scholiast giebt hier also
eine nicht streng stoische Auffassung wieder, das passt für Poseidonios ebenso
gut wie die peripatetische und unstoische Verwerfung des Empedokles und ähnlicher Dichter. Im übrigen kann man von einer Chrestomathie, wie die des
Proklos war, nicht erwarten, dass sie eine bestimmte Beurtheilungsweise ein-
schlägiger Fragen vertrete; wir werden sehen wie gern Proklos abweichende
und selbst entgegengesetzte Meinungen zu Worte kommen liess.

Die vier Kennzeichen der Dichtung sind das Metrum wobei der Rhythmos
miteinbegriffen wird, der Mythos, die ἱστορία und die kunstvolle Sprache. Bei
der Erläuterung aber dieser vier Momente tritt unangemeldet ein fünftes hinzu,

---

1) Das Beispiel der Klytaimestra hatte schon Dikaiarchos, aber schwerlich er zuerst, als
Beleg dafür angeführt, dass die Alten den Sänger zu den Weisen rechneten (bei Philodem de mus.
p. 20 Kemke); später ist das Beispiel immer wieder verwendet worden, ausser den von Kemke und
Usener citirten Stellen vgl. noch Proklos zu Plat. Rep. p. 401 Bas. (Pitra Anal. sacra et class. V
235). Dikaiarchos hatte es natürlich in dem Sinne verwendet wie Aristoteles über die ethische
Wirkung von Poesie und Musik geurtheilt hatte.

DIE PROLEGOMENA ΠΕΡΙ ΚΩΜΩΙΔΙΑΣ 25

ausser μῦθος und ἱστορία noch das πλάσμα. Neben dem μῦθος hätte sich schon die ἱστορία wol entbehren lassen, da sie nnr eine Art- nicht eine Gattungsverschiedenheit ausmacht. Wie sie hineingekommen ist, zeigt Poseidonios' Definition von der ποίησις (Diog. L. VII 60), sie sei ein σημαντικὸν ποίημα μίμησιν περιέχον θείων καὶ ἀνθρωπείων. Göttliche Geschichte enthält der μῦθος, menschliche die ἱστορία: weil es nun aber viele Gedichte giebt die sowohl menschliche wie göttliche Geschichten erzählen, weil im Gegentheil die allermeisten Gedichte beides enthalten, hat Poseidonios nicht gesagt θείων ἢ ἀνθρωπείων und danach nicht μῦθος ἢ sondern μῦθος καὶ ἱστορία[1]). Diese Zweitheilung aber zog als drittes das πλάσμα mit Nothwendigkeit nach sich. Die unbeglaubigte Göttersage und die sichergestellte Menschengeschichte erschöpft den Stoff nicht, so kommt die schlechthin erfundene Begebenheit hinzu.

Die Sonderung von ἱστορία und πλάσμα practisch verwendet fanden wir früher in einem bei Tzetzes etwas vollständiger erhaltenen Dionysscholion (s. o. S. 15), wo es von der Tragödie hiess, sie enthalte ἱστορίαν καὶ ἀπαγγελίαν πράξεων γενομένων, κἂν ὡς ἤδη γινομένας σχηματίζηι αὐτάς, von der Komödie, sie befasse sich mit βιωτικῶν πραγμάτων πλάσματα, d. h. mit solchen Stoffen, die zwar erfunden sind, aber doch als aus dem Lebeu gegriffene und wirkliche Geschehnisse dargestellt werden. Sowol die Anwendung auf verschiedene Poesiegattungen, aus deren Betrachtung die drei Theile ja doch abstrahirt sind, als auch die Definition der drei Theile, wie sie in den Cramer'schen Scholien vorliegt, begegnet zuerst bei einem viel älteren Gelehrten, bei Asklepiades von Myrlea[2]). Sextus Emp. wendet sich in seinem Kampf mit den Philologen p. 655, 21 auch gegen diesen angesehenen Grammatiker: Ἀσκληπιάδης δὲ ἐν τῶι Περὶ γραμματικῆς τρία φήσας εἶναι τὰ πρῶτα τῆς γραμματικῆς μέρη, τεχνικόν, ἱστορικόν, γραμματικόν — τριχῆι ὑποδιαιρεῖται τὸ ἱστορικόν. τῆς γὰρ ἱστορίας τὴν μέν τινα ἀληθῆ, εἶναί φησι. τὴν δὲ ψευδῆ, τὴν δὲ ὡς ἀληθῆ, καὶ ἀληθῆ μὲν τὴν πρακτικήν, ψευδῆ δὲ τὴν περὶ πλάσματα καὶ μύθους, ὡς ἀληθῆ δὲ οἷα ἐστὶν ἡ κωμωιδία καὶ οἱ μῖμοι. Hier scheint ein Textfehler berichtigt werden zu müssen: es wird nicht gesagt womit sich die ἱστορία ὡς ἀληθής befasst, während der ψευδὴς ἱστο-

---

1) Ob demnach die ἱστορία nur auf das Streben nach Viergliedrigkeit zurückzuführen ist (Usener, Ein altes Lehrgebäude der Philologie Münchener Sitzungsber. 1892 IV 607), möchte man bezweifeln.

2) Dass Asklepiades von Myrlea — an einen anderen kann und darf man nicht denken — Pergamener, speciell Krateteer gewesen sei, ist wenig glaublich, schon darum weil er (bei Athen. XI 490 e) den Meister des Plagiats beschuldigt und ihn nicht ohne ironischen Nebenton ὁ κριτικός nennt. Das Prädicat ist kein persönliches geblieben, sondern schon auf die nächsten Schüler übergegangen (Sextus p. 655, 1): wie sollte ein Hegelianer seinem Schulgenossen das Distinctiv 'der Hegelianer' geben können. Vorsichtig hat sich Lehrs ausgedrückt (Herod. scr. tria p. 431), eine Vermittlung Usener versucht Münch. Sitzungsber. s. 590). Dass bei Suidas seine Zeit nach Attalos und Eumenes bestimmt wird, beweist nur dass er mit Pergamon irgend welche Berührung gehabt hat; eine freundliche brauch es nicht gewesen zu sein. Schuljahre in Alexandreia bezeugt Suidas ebenfalls.

Abhdlgn. d. K. Ges. d. Wiss. zu Göttingen. Phil.-hist. Kl. N. F. Band 2, 4. 4

ρία ein doppeltes Gebiet zugewiesen wird. Dass das nicht im Sinne des Asklepiades war, zeigt das folgende, das ich sogleich ausschreiben werde, die Aenderung scheint wenn auch gewaltsam doch nothwendig ψευδῆ δὲ τὴν περὶ μύθους, ὡς ἀληθῆ δὲ τὴν περὶ πλάσματα, οἷα ἐστίν κτλ. Diese Sätze nimmt Sextus als Grundlage für eine weitgesponnene Polemik. in deren Verlauf er die Worte des Gegners nochmals wiederholt (p. 638, 21): πρὸς τούτοις ἐπεὶ τῶν ἱστορουμένων τὸ μέν ἐστιν ἱστορία, τὸ δὲ μῦθος, τὸ δὲ πλάσμα, ὧν ἡ μὲν ἱστορία ἀληθῶν τινῶν ἐστι καὶ γεγονότων ἔκθεσις — πλάσμα δὲ πραγμάτων μὴ γενομένων μὲν ὁμοίως δὲ τοῖς γενομένοις (l. γινομένοις) λεγομένων, ὡς αἱ κωμικαὶ ὑποθέσεις καὶ οἱ μῖμοι, μῦθος δὲ πραγμάτων ἀγενήτων (nachher dafür ἀνύπαρκτα) καὶ ψευδῶν ἔκθεσις [1]) κτλ. Es ist ja wol kein Zweifel. dass genau die gleichen Erläuterungen von ἱστορία μῦθος πλάσμα in den Cramerschen Dionysscholien vorliegen. und dass der Scholiast dies alles demselben Lehrbuch entnommen hat wie die Erörterungen über Poesie und Prosa, also aus Proklos' Chrestomathie. An weiteren Spuren des Asklepiades in diesem Bereich der Litteratur fehlt es nicht: wie sollte auch ein so umfangreiches Werk (das elfte Buch wird citirt), das mit einer Abhandlung über die Wissenschaft selbst begann (Περὶ γραμματικῆς) und dann eine lange Liste ihrer Vertreter behandelte (Περὶ γραμματικῶν), von einem Litterarhistoriker übergangen worden sein.

Drei von seinen vier Prooemien (Pb Mab) hat Tzetzes mit einer bald kürzeren bald längeren Einleitung über die Thätigkeit der ersten Alexandrinischen Philologen ausgestattet. Dass er seine Gelehrsamkeit den Dionysscholien verdankt. zeigt das Villoison'sche Anecdoton, nur eine bessere und reichere Fassung der Scholien hat er zur Hand gehabt. Hier liest man dieselbe merkwürdige Nachricht, die Tzetzes vermittelt, dass Orpheus von Kroton am Hofe des Peisistratos gelebt habe, mit Zopyros und Onomakritos zusammen an der Herstellung des Homer betheiligt. Den Gewährsmann dafür nennt uns Suidas (Ὀρφεύς), es ist Ἀσκληπιάδης ἐν τῶι ἕκτωι βιβλίωι τῶν Γραμματικῶν. Ist es Zufall, dass nur wenig später Cicero zuerst von der Peisistrateischen Homerausgabe zu berichten weiss? Aber möglicherweise geht noch viel mehr von dem was Tzetzes berichtet auf Asklepiades zurück. gewiss aber war er sowenig für die Dionysscholien wie für Tzetzes primäre Quelle. Es versteht sich, dass Asklepiades die Philologie nicht als eine gegebene Grösse behandelte, sondern nach ihrem Ursprung gefragt hatte. Nun haben wir noch ein paar sehr dürftige Scholien zu Dionys (Cramer p. 311, 5 = Bekker p. 729, 22). die diese Frage berühren. Die γραμματιστική sei schon vor dem Troischen Kriege bekannt gewesen, die γραμματική aber ἀρξαμένη μὲν ἀπὸ Θεαγένους τετέλεσται ὑπὸ τῶν περιπατητικῶν Πραξι-

---

[1] Asklepiades hätte hinzufügen können, und hat vielleicht hinzugefügt ὡς αἱ τραγικαὶ καὶ ἐπικαὶ ὑποθέσεις, wie es bei Quintilian heisst (II 4, 2): quia narrationum, exceptα qua in causis utimur, tris accepimus species, fabulam (μῦθον) quae versatur in tragoediis atque carminibus non a veritate modo sed etiam a forma veritatis remota, argumentum (πλάσμα) quod falsum sed vero simile comoediae fingunt, historiam in qua est gestae rei expositio u. s. w.

φάνους τε καὶ Ἀριστοτέλους. Die Erwähnnng des Praxiphanes geht weit über das Niveau gewöhnlichen Wissens. sie deutet auf eine gelehrte Quelle: auch Aristoteles als Begründer der Wissenschaft ist keine landläufige Weisheit[1]). Bei Tzetzes nun steht ein reicheres Verzeichniss von Grammatikern (Ma p. 110 K): ὕστερον δὲ ταύτας ἁπάσας (βίβλους) πολλοὶ ἀνεφάνησαν ὑποφητεύοντες καὶ ἐπεξηγούμενοι, Δίδυμοι Τρύφωνες Ἀπολλώνιοι Ἡρωιδιανοί Πτολεμαῖοί τε Ἀσκαλωνῖται καὶ οἱ Κυθήριοι. πρότερος δ' ἦν Ζηνόδοτος ὁ Ἐφέσιος, πέμπτος δὲ ἢ τέταρτος μετ' αὐτὸν ὁ Ἀρίσταρχος, 'ἄλλη τ' ἄλλων γλῶσσα πολυσπερέων ἀνθρώπων'. μεθ' οὕς καὶ οἱ φιλόσοφοι Πορφύριος Πλούταρχος καὶ Πρόκλος, ὡς καὶ πρὸ πάντων αὐτῶν καὶ πρὸ τῶν χρόνων τῶν Πτολεμαίων φιλοσόφων ἑτέρων μερὶς οὐ μετρία καὶ ὁ ἐκ Σταγείρων αἰθέριος νοῦς κτλ. Das Verzeichniss ist bunt genug. natürlich sind nicht nur Interpreten gemeint sondern Grammatiker überhaupt. Es werden weit jüngere Leute aufgezählt als Asklepiad – sie kennen konnte, aber Aristoteles erscheint auch hier als Stifter der Wissenschaft. Ist es nun Zufall, dass am Anfang der Liste Didymos steht, dessen Buch Περὶ λυρικῶν ποιητῶν eine Hauptquelle des Proklos war, und am Schluss die drei grossen Platoniker in richtiger chronologischer Abfolge? Proklos ist der letzte. und doch gab es hinter ihm Volks genug das sich Grammatiker nannte und den Dionysscholiasten wahrlich näher stand als die Neuplatoniker. Proklos muss der Mann sein, der durch die Dionysscholien dies Verzeichniss und mithin die ganze gelehrte Abhandlung über die alexandrinische Philologie dem Tzetzes vermittelte. Seine Quelle kann in der Hauptsache recht wol Asklepiades gewesen sein.

Ein weiteres wird diese Vermuthung sichern. Proklos' Buch heisst Χρηστομάθεια γραμματική. Er musste nicht nur von der Geschichte der Grammatik, sondern auch vom Begriff derselben, also auch von ihrem Namen reden. Möglicherweise stammt der Dithyrambus. den der Dionysscholiast p. 725, 2 auf die Grammatik singt, von Proklos: ἔχει δὲ ἡ γραμματικὴ καὶ ψυχαγωγίαν ἐμμελῆ, διδάσκουσα κάλλος ποιημάτων ἱστορίαις τε καὶ μύθοις κατάιδουσα. Die Wissenschaft wird mit der Poesie auf eine Stufe gehoben, weil sie sich in erster Linie mit den Dichtern befasst: das ist der Standpunkt den Proklos einnehmen musste, da seine Chrestomathie ausschliesslich die griechische Poesie anging. In den Dionysscholien wird ausführlich von den γράμματα geredet, die der Grammatik den Namen gaben. Das Wort bedeutet vielerlei (Cramer p. 310, 13). Buchstaben, Schriften überhaupt, Dichtung im besonderen, Urkunde. 'Gemälde u. s. w.. aber

---

[1] Dions Rede Περὶ Ὁμήρου (II 109 v. Arn) beginnt mit einer Litteraturübersicht. Da heisst es καὶ αὐτός Ἀριστοτέλης, ἀφ' οὗ φασι τὴν κριτικήν τε καὶ γραμματικὴν ἀρχὴν λαβεῖν, nachdem zuvor die Homerinterpreten genannt waren, οὐ μόνον Ἀρίσταρχος καὶ Κράτης καὶ ἕτεροι πλείους τῶν ὑστέρων γραμματικῶν κληθέντων πρότερον δὲ κριτικῶν. Etwas anders Sextus Emp. p. 604, 17 γραμματικὴ τοίνυν λέγεται — ἣν συνήθως γραμματιστικὴν καλοῦμεν, ἰδιαίτερον δὲ ἡ ἐντελής καὶ τοῖς περὶ Κράτητα τὸν Μαλλώτην Ἀριστοφάνην τε καὶ Ἀρίσταρχον ἐκπονηθεῖσα. — In den Dionysscholien sind natürlich verschiedene Versionen vertreten, bei Cramer p. 310, 26 steht auch das folgende: φασὶ δὲ Ἀντίδωρον τὸν Κυμαῖον πρῶτον ἐπιγεγραφέναι αὐτὸν γραμματικόν, σύγγραμμά τι γράψαντα περὶ Ὁμήρου καὶ Ἡσιόδου. Vgl. Susemihl Alex. Litt. II 664.

4*

der Grammatiker heisst ἀπὸ τοῦ δηλοῦντος τὸ ποίημα. Ganz entsprechende Erörterungen finden sich bei Sextus p. 690, 5, der seine Quelle angiebt: ὥς φασιν οἱ περὶ τὸν Ἀσκληπιάδην [1]). Bekkers Meinung, dass die Scholien aus Sextus geschöpft hätten (vgl. auch Sextus p. 609, 47 mit Schol. p. 728, 12 B), ist unhaltbar, davon kann sich jeder leicht überzeugen: wie sollten diese Grammatiker auch von ihrem erbittertsten Gegner entlehnen was sie anderswo breiter und unparteiischer dargestellt finden konnten. Ein Buch wie das des Asklepiades, sei es das Original, sei es eine Bearbeitung oder ein Auszug, musste bei den Philologen weit verbreitet sein. Auch Sextus braucht es nicht selbst gelesen zu haben, wörtliche Citate oder eingehende Referate, die er in bequemen Handbüchern vorfand, konnten für seine Zwecke völlig genügen. Die Quellen des Sextus verlangen eine sorgfältige Untersuchung, die hier nicht gegeben werden kann.

Doch zurück zu den Excerpten des Cramerschen Scholiasten. Nach den Stilgattungen (ἁδρόν, ἰσχνόν, ἀνθηρόν) werden die ποιήσεως χαρακτῆρες aufgezählt. Es sind drei: διηγηματικός, δραματικός, μικτός. Es folgen die Erklärungen: διηγηματικός ἐστιν ὁ κεχωρισμένος μὲν τῶν παρεισαγομένων προσώπων, ὑπ' αὐτῶν δὲ τῶν ποιητικῶν [2]) λεγόμενος. δραματικὸς δὲ ὁ κεχωρισμένος τοῦ ποιητικοῦ προσώπου, ὑπὸ δὲ τῶν παρεισαγομένων προσώπων λεγόμενος. μικτὸς δὲ ὁ ἐξ ἀμφοῖν συγκείμενος. Dann die Arten: εἴδη τοῦ διηγηματικοῦ καὶ μικτοῦ δ'· ἐπικόν, ἐλεγειακόν, ἰαμβικόν, μελικόν. τοῦ δραματικοῦ εἴδη γ'· τραγικόν κωμικόν σατυρικόν. Bei Photios folgt auf die Stilgattungen dieses: διαλαμβάνει δὲ καὶ περὶ κρίσεως ποιήματος, ἐν ὧι παραδίδωσι τίς ἤθους καὶ πάθους διαφορά. καὶ ὅτι τῆς ποιητικῆς τὸ μέν ἐστι διηγηματικόν, τὸ δὲ μιμητικόν, καὶ τὸ μὲν διηγηματικὸν ἐκφέρεται δι' ἔπους ἰάμβου τε καὶ ἐλεγείου καὶ μέλους, τὸ δὲ μιμητικὸν διὰ τραγωιδίας σατύρων τε καὶ κωμωιδίας. Von der κρίσις wird später die Rede sein, zunächst von den Dichtungsarten. Dass Photios μιμητικόν sagt für δραματικόν, ist unanstössig, Proklos hatte wol beide Ausdrücke gebraucht (activum vel imitativum Diomedes p. 482, 14 K), aber ein starkes Stück ist es, dass er Epos, Iambos, Melos und Elegie zur rein erzählenden Gattung rechnet. Offenbar hatte er die dritte Classe, das μικτόν, aus Versehen übergangen (wie vorher unter den πλάσματα das ἰσχνόν), und so kamen ihre Arten unter die Gattung des διηγηματικόν. Der Dionyscholiast hat seine Sache besser gemacht, aber doch nicht gut, wie man

---

[1] In den Bekkerschen Scholien p. 784, 6 (verkürzt Cramer p. 318) heisst es: διὰ τοῦτο δὲ καὶ οὐκ ἄλλοις χαρακτῆρσι χρώμεθα τῶν στοιχείων ἀλλὰ τοῖς Ἰωνικοῖς, ὡς μὲν Ἀσκληπιάδης ὁ Μυρνναῖος λέγει, διὰ τὸ κάλλος καὶ ὅτι πλεῖστα τῶν συγγραμμάτων τούτοις ἐγέγραπτο τοῖς χαρακτῆρσιν. Wie kann man an der Emendation ὁ Μυρλεανός zweifeln. Das Citat hatte Lukillos von Tharra vermittelt, der als Quelle für das gesammte sehr gelehrte Scholion über die Buchstaben bei Cramer p. 322, 28 genannt wird.

[2] Man kann wol leicht προσώπων ergänzen, aber glaublicher ist, dass im Original der Singular stand ὑπ' αὐτοῦ δὲ τοῦ ποιητικοῦ (προσώπου). Die naheliegende Verbesserung ὑπ' αὐτῶν δὲ τῶν ποιητῶν, die auch Usener vorschlug, ist des folgenden wegen nicht wahrscheinlich.

meint. Usener (Münch. Sitzungsber. a. O. 615, 2) nahm einen Ausfall an und schrieb εἴδη τοῦ διηγηματικοῦ ... ⟨εἴδη τοῦ⟩ μικτοῦ δ', wobei er das καὶ vor μικτοῦ aufgeben musste. Das ist ein Zugeständniss, dass die Aenderung gegen die Absicht des Scholiasten geht: ist sie aber der Absicht der Vorlage entsprechend? Natürlich musste Usener nun in die Lücke die Arten des διηγηματικόν einfügen, die bei Diomedes zu lesen sind (p. 482, 31) *exegetici vel enarrativi species sunt tres, angeltice historice didascalice.* Ist es aber wahrscheinlich, dass sowol Photios (den Usener hier nicht berücksichtigt) wie der Scholiast, wenn auch in verschiedener Form, so doch in sonderbarster Uebereinstimmung beide gerade die Arten des διηγηματικόν ausliessen oder beim Excerpiren übersahen? ist nicht vielmehr dies ein deutliches Zeichen, dass beide die gleiche Vorlage benützten und in eben dieser Vorlage keine weiteren Arten angeführt waren?

Eine systematische Gruppirung der sämmtlichen Poesiegattungen fand sich in Aristoteles' Poetik nicht: da trat eine andere Autorität für ihn ein. Platon theilt die Poesie, je nachdem der Vorgang in directer oder indirecter Nachahmung vergegenwärtigt wird, in zwei Klassen (Rep. p. 349 e): ἢ μὲν διὰ μιμήσεως ὅλη ἐστιν, τραγωιδία τε καὶ κωμωιδία, ἢ δὲ δι' ἀπαγγελίας αὐτοῦ τοῦ ποιητοῦ· εὕροις δ' ἂν αὐτὴν μάλιστά που ἐν διθυράμβοις. ἢ δ' αὖ δι' ἀμφοτέρων ἔν τε τῆι τῶν ἐπῶν ποιήσει, πολλαχοῦ δὲ καὶ ἄλλοθι. Die beiden Hauptklassen machen eine dritte Mischklasse nothwendig. Man braucht Platons allgemeine Andeutung nur zu specialisiren, so ergiebt sich was der Cramersche Scholiast sagt, zur Mischklasse gehöre das Epos, die Elegie, der Iambos und das Melos. Diese bequeme Auftheilung des Materials begegnet später fast überall, nur dass die Mischklasse bald μικτόν bald κοινόν heisst (Diom. p. 482), letzteres etwa auch nach Platon Rep. 396 e καὶ ἔσται αὐτοῦ ἡ λέξις μετέχουσα μὲν ἀμφοτέρων, μιμήσεώς τε καὶ τῆς ἄλλης (l. ἁπλῆς) διηγήσεως. Wie eng der Cramersche Scholiast oder vielmehr Proklos der Platoniker mit Platon zusammenhängt, zeigt auch die trotz des mangelhaften Griechisch noch an Platon anklingende Begriffsbestimmung der beiden Hauptgattungen. Während sonst überall das διηγηματικόν einfach so characterisirt wird, dass der Dichter allein rede, das δραματικόν so, dass der Dichter andere Personen reden lasse, das μικτόν endlich so, das bald der Dichter bald seine Personen reden, bewahrt der Scholiast noch eine Spur des gewählt anschaulichen Platonischen Ausdrucks Rep. III 393 c εἰ δέ γε μηδαμοῦ ἑαυτὸν ἀποκρύπτοιτο ὁ ποιητής: nur ist das hübsche ἀποκρύπτεσθαι zum trockenen Schulausdruck χωρίζεσθαι verunstaltet worden. — In der That sind dramatische Darstellung und Erzählung zwei wesentliche Unterscheidungsmomente, nur schade, dass wol die erstere aber nicht die zweite Art sich irgendwo in der Praxis rein und ungemischt findet. Platon nimmt zum Dithyrambos seine Zuflucht, aber er schränkt auch dies Beispiel durch ein vorsichtiges μάλιστά που ein: die späteren, die den jüngeren Dithyrambos erlebt hatten, konnten nichts weniger als den Dithyrambos zur erzählenden Gattung rechnen. Aber die Rubrik musste doch ausgefüllt werden: sehen wir, wie Diomedes' Gewährsmann sich hilft. *angeltice*, sagt er, *est qua sententiae scribuntur, ut est Theogni-*

dis liber, *item chriae*. *historice est qua narrationes et genealogiae componuntur, ut est Hesiodu Γυναικῶν κατάλογος et similia. didascalice est qua comprehenditur philosophia Empedoclis (et Lucreti), item astrologia, ut Phaenomena Arati (et Ciceronis et Georgica Vergilii et his similia).* Dass diese drei Arten die kümmerlichsten Nothbehelfe sind, Erfindungen eines verzweifelnden Systematikers, liegt auf der Hand; als ob Theognis sich von anderen Elegikern, Hesiods Frauenlieder sich von anderen Epen unterschieden hätten. Es bleibt eigentlich nur das Lehrgedicht, aber auch das beschränkt sich nicht in Folge eines inneren Zwanges auf die Erzählung: sobald der Dichter einen Mythos einflicht, also zum wichtigsten Ingredienz der Poesie greift, kann oder muss er Personen nicht nur handelnd sondern auch redend einführen. Eine rein erzählende Gattung giebt es in der Poesie nicht; will man aber a potiori eine Gattung dahin rechnen, so hat das Epos mit allen seinen Abarten das alleinige Anrecht auf den Platz. So richtig also Platon die beiden Formprincipien in der Poesie erkannt hatte, so falsch haben die späteren die Principien zur Grundlage einer Systematik gemacht: alle Gattungen sind diesen Principien unterworfen und haben Theil an ihnen, die Botenrede der Tragödie gehört doch wol zum διηγηματικόν. Und diese richtige Erkenntniss lag in der gemeinsamen Quelle des Photios und des Londoner Scholiasten, bei Proklos vor. Das Drama bildete eine Klasse für sich; dem gegenüber steht die ganze Masse der übrigen Poesie, sie ist entweder erzählend (betrachtend u. dgl.) oder aber erzählend und darstellend. Der Scholiast hat Recht: *εἴδη τοῦ διηγηματικοῦ καὶ μικτοῦ δ᾽· ἐπικόν ἐλεγειακόν ἰαμβικόν μελικόν*. Photios hat sich in diesen Gedankengang nur nicht hineinfinden können und hat darum das μικτόν beseitigt. Es hat mancherlei Versuche gegeben, den Inhalt der griechischen Litteratur zu systematisiren: so unberechtigt sie alle an sich sind und sein müssen, so interessant sind sie für die Geschichte unserer Wissenschaft. Ein weiteres System wird später zu besprechen sein.

Ueber die *κρίσις ποιήματος*, wie schon gesagt, hat Photios nichts weiter berichtet als den einen Satz: *παραδίδωσι τίς ἤθους καὶ πάθους διαφορά*. Das ist eine blosse Einzelheit, die beweist wie stark Photios gekürzt hat. Womit sich die philologische *κρίσις* zu befassen hat, sagt ein Dionysscholion bei Villoison (p. 175), von dem in der Bekkerschen Sammlung (p. 741) nur kärgliche Reste übrig sind: *διαφέρει δὲ κρίσις συγκρίσεως· καὶ πρῶτον μὲν κρίσις, δεύτερον δὲ σύγκρισις. κρίνει μὲν γάρ τις ἕκαστον ἐκ τῶν ἰδίων, συγκρίνει δὲ ἕτερον ἐφ᾽ ἑτέρωι, ὥστε ἡ σύγκρισις ἐν αὐτῆι πρότερον τὴν κρίσιν (σύγκρισιν* Cod.) *ἔχει. ζητητέον ἄρα ὁ γραμματικὸς καλλίων ὢν τῶν ποιητῶν κρίνει αὐτῶν τὰ ποιήματα ἢ ἥττων· καὶ εἰ μὲν καλλίων, δῶμεν καὶ αὐτὸν εἶναι ποιητήν, ὅπερ ἀλλότριον γραμματικῆς· οὔτε γὰρ μέρος οὔτε ὄργανον τῆς γραμματικῆς τὸ ποιητικόν. εἰ δὲ ἥττων ὢν κρίνει, οὐχ ὡς ποιητὴς ἀλλ᾽ ὡς τεχνίτης τῆς ἐκείνων ὕλης ὁ γραμματικὸς* (κοινωνεῖ oder dgl.). *ὕλη γὰρ ποιη[μα]τικῆς μῦθος μέτρον λέξις ἱστορία γλῶσσα, καὶ τούτων τεχνίτης ὁ γραμματικός. κρίνει δὲ καὶ* (ὡς Cod.) *οὐ πότερον αὐτοῖς καλῶς γέγραπται ἢ οὔ, ἀλλὰ ποῖα ἀνόμοια ἢ ποῖα ὅμοια, καὶ ποῖα νόθα τῶν ποιητῶν καὶ ποῖα* γνήσια[1]). κρίνεται δ' ἡ ποίησις χρόνωι λέξει ἱστορίαι πλάσματι συνθέσει κυριολογίαι οἰκονομίαι τάξει ἤθει προσώπωι. Die Fassung mag wol zum Theil sehr jung sein (schlimm ist das zweimalige καλλίων für κρείττων). aber der Inhalt ist alt und gnt. Das wichtigste steht am Ende: nicht ob der Dichter schön geschrieben hat oder nicht schön. hat der Philologe zu beurtheilen, sondern ob ein Gedicht einheitlich in Erfindung, Auffassung, Sprache. Characterzeichnnng u. a. ist, das heisst ob dem Dichter ein wirkliches Kunstwerk gelungen ist. Das Ethos der Charactere, der Situationen, des Stils, des sprachlichen Ausdrucks ist von grosser Bedeutung (vgl. auch das interessante Capitel Περὶ λόγων ἐξετάσεως in der Τέχνη des Pseudo-Dionysios p. 122 Us.), seine Schätzung ist nur möglich, wenn der Kritiker zwischen ἦθος und πάθος wol zu scheiden weiss. Den Unterschied hatte Photios bei Proklos behandelt gefunden und eben dies. weiter auch gar nichts angemerkt. Die Einzelheit ist in den Dionysscholien verschwunden.

Bei Photios folgt nun eine ausführliche Behandlung des Epos. Zuerst wird die Erfinderin des Verses genannt: ἐφεῦρε Φημονόη ἡ Ἀπόλλωνος προφῆτις. in wörtlicher Uebereinstimmung mit dem Cramerschen Scholion (p. 316, 6): καὶ ὁ στίχος (εὑρέθη) ὑπὸ Φημονόης ἱερείας τοῦ Ἀπόλλωνος. Dann wird erklärt, warum der Name ἔπος. der auch für andere Metra verwendet werde, auf den Hexameter beschränkt worden sei: ganz ähnlich dem Inhalt nach. zum Theil auch im Ausdruck das Scholion p. 751, 1 B. Im übrigen haben die Dionysinterpreten, da sie dazu auch wenig Anlass hatten, das Epos nicht besonders besprochen, nur die Geschichte von der Peisistrateischen Recension haben sie breit nacherzählt, vermuthlich so wie Asklepiades sie erzählt hatte, dessen Bericht aller Wahrscheinlichkeit nach ihnen durch Proklos vermittelt war (s. o. S. 26). Bei Photios sind, wie wir wissen, vom Reichthum des Proklos nur ärmliche Notizen über das Epos stehen geblieben[2]). Bei Tzetzes (aus den Dionysscholien) kehrt an vielen Stellen seiner verschiedenen Tractate (zu Hesiod. zu Lykophron, in den Iamben) die Namenreihe der hauptsächlichen epischen Dichter wieder, die bei Photios steht: Homer. Hesiod, Peisandros, Panyassis. Antimachos. Mit einem solchen Verzeichniss schliesst Photios jedes einzelne Capitel ab; Proklos hatte sich nicht mit den Namen begnügt, sondern, wie für die epischen Dichter Photios ausdrücklich bezeugt, von jedem ὡς οἷόν τε καὶ γένος καὶ πατρίδα καί τινας ἐπὶ μέ-

---

1) Vielleicht τῶν ποιημάτων für τῶν ποιητῶν, vgl. das Cramersche Scholion p. 315, 20 κρίσις ποιημάτων. πολλὰ γὰρ νοθινόμενά ἐστιν ὡς ἡ Σοφοκλέους Ἀντιγόνη (so)· λέγεται γὰρ εἶναι Ἀντιφῶντος (so) τοῦ Σοφοκλέους υἱοῦ. ὁμοίως τὰ Κυπριακὰ (so) καὶ ὁ Μαργίτης, Ἀράτου τὰ Θυτικὰ καὶ τὰ περὶ Ὀρνέων, Ἡσιόδου Ἀσπίς. Dass dies Scholion nur ein Theil des Villoison'schen ist, beide also zusammen erst eine Einheit bilden, zeigt Psellos, der die Prosa in Verse umgesetzt hat (Boissonade Aneed. gr. III 210). Maass (Aratea 212) musste also statt des Psellos die Scholien citiren. Uebrigens stimmt über die κρίσις mit den Dionysscholien genau Quintilian überein I 4, 3.

2) Dass die Chrestomathie über Rhapsoden und Rhapsodien belehren musste, versteht sich von selbst. Photios hat das nicht excerpirt, aber die Dionysscholien haben nicht weniges darüber erhalten (p. 765 ff. B). Die Etymologien, die hier vorgetragen werden, von ῥάπτω und ῥάβδος, kehren genau übereinstimmend bei Diomedes wieder (p. 481).

ρους πράξεις berichtet. Als Vertreter der Elegie nennt Photios Kallinos und Minnermos, dazu Philetas und Kallimachos. Tzetzes (ad Lyc. p. 257 M) hat dieselbe Reihe, nur lässt er Kallimachos bei Seite. Fehlte bei ihm Philetas, könnte man an eine andere Auswahl denken, wer aber Philetas zählt, kann Kallimachos nicht übergehen. Es ist also nur eine mangelhafte Wiedergabe derselben vier Namen die Photios aus Proklos hat und die sich sonst nirgend finden. Im übrigen sagt Photios über die Elegie das folgende: τὴν δὲ ἐλεγείαν συγκεῖσθαι μὲν ἐξ ἡρώιου καὶ πενταμέτρου στίχου, ἁρμόζειν δὲ τοῖς κατοιχομένοις· ὅθεν καὶ τοῦ ὀνόματος ἔτυχε· τὸ γὰρ θρῆνος ἔλεγον ἐκάλουν οἱ παλαιοὶ καὶ τοὺς τετελευτηκότας δι' αὐτοῦ εὐλόγουν. οἱ μέντοι γε μεταγενέστεροι τοῖς ἐλεγείοις πρὸς διαφόρους ὑποθέσεις ἀπεχρήσαντο. Dies stammt aus Didymos *Περὶ ποιητῶν*, wie Orion p. 58 bezeugt, wenn auch vielleicht nicht direct. Sonderbar aber wäre es, wenn Proklos gegen seine sonstige Gewohnheit bei einem so strittigen Wort sich auf eine einzige Etymologie beschränkt hätte: er pflegt sonst vorsichtiger zu sein. Näher als Photios' Excerpt steht dem was Didymos lehrte der Dionysscholiast (*Διομήδους καὶ Στεφάνου* im Burboniens) bei Bekker:

Didymos Et. M. 327, 1
Δίδυμος δὲ ὅτι διὰ τοῦτο τῶι ἡρώιωι ἐπῄδον ὡς πεντάμετρον καὶ λειπόμενον[1] *τοῦ ἡρώιου, μιμούμενοι τὴν τῶν ἀποθνῃσκόντων ἀπόπαυσιν· ἐπὶ γὰρ μόνοις νεκροῖς πάλαι ᾔδετο πρὸς παραίνεσιν καὶ παραμυθίαν τῶν συγγενῶν καὶ φίλων τοῦ τεθνεῶτος.*

Scholien p. 749, 27
ἐλεγεῖον ἔμμετρός ἐστι στίχος, ἐλλείπων ἐνὶ ποδὶ τοῦ ἡρωικοῦ στίχου, εἰς δύο πενθημιμερεῖς τεμνόμενος, οἷον 'νήιδες οἳ μούσης οὐκ ἐγένοντο φίλοι' (Kallim. fr. 488) — τούτωι οὖν τῶι τρόπωι πολλοὶ ποιηταί (l. ποιήματα) τινα γεγραφήκασιν, ἅτινα ἐπικαλεῖται ἐπικήδεια· πρὸς γὰρ παραμυθίαν τῶν συγγενῶν τούτου (l. τοῦ τεθνεῶτος) καὶ φίλων τῇι παραινέσει τὴν λύπην ἀνέστελλον.

p. 750, 23.
ἐπειδὴ οἱ τεθνηκότες ἔλλειψίν τινα ἔχουσιν ἤγουν τοῦ ζῆν, τούτου χάριν καὶ τὰ ἐλεγεῖα ὡς ἐπὶ τοῖς τεθνηκόσι λεγόμενα ἐλλείπουσι ποδὶ πρὸς τὸν δακτυλικὸν στίχον.

Also Didymos, vermittelt durch Proklos, liegt den Scholien zu Grunde. Aber die Scholien haben noch mehr: διὸ καὶ καλεῖται ἐλεγεῖα οἱονεὶ ἐλεεῖα τοῦ γ ἐκθλιβομένου, παρὰ τὸ ἐλεεῖν τὸν τετελευτηκότα· ἢ εὐλογεῖα, παρὰ τὸ εὖ λέγειν τὸν ἀποβιώσαντα. Das sind Versuche, die auch in den Etymologika verzeichnet werden;

---

1) Der Text ist verderbt und lückenhaft (etwa *ἐπῄδον καὶ πεντάμετρον ὡς <ἑνὶ ποδὶ> λειπόμενον*): den Wortlaut des Didymos hat Orion vielleicht aus directer Benutzung besser bewahrt, den Dionysscholien steht der im Et. M. erhaltene Text, offenbar eine Ueberarbeitung des Didymos, weit näher. Der Ueberarbeiter ist eben Proklos gewesen.

sie sind dort aus derselben Quelle genommen wie das Didymoscitat. Proklos hatte also wirklich mehrere Etymologien angeführt [1].

Ueber den Iambos, den Photios zunächst behandelt, findet sich heute in den Dionysscholien nichts. Dass niemals dort etwas zu finden gewesen sei, folgt daraus nicht, dass Dionys die iambische Poesie zu erwähnen, die Scholien also von ihr zu reden keine Veranlassung hatten. Die Scholiasten, die eine vielumfassende Quelle unhesehen abschreiben, haben nach dem Zweck ihrer Excerpte nicht viel gefragt, und es machte ihnen mindestens ebensoviel Mühe darüber nachzudenken, ob sie etwas vom Iambos sagen müssten, wie wenn sie einige Bemerkungen über ihn ausschrieben. Eine Spur möchte man überdies in den Londoner Scholien zu finden meinen. An der Stelle, wo Photios vom Iambos spricht, vor der lyrischen Poesie, steht das folgende: σύνταγμά ἐστι λέξις διὰ μέτρων κολοβῶν ἐπὶ πολλὰ διατείνουσα· ἢ σύνταξις μέτρον κατὰ κολοβὸν ἀπηρτισμένου (-μένον Cod.) ἄνευ μέλους· ἢ μέτρον εἰς λόγους κολοβοὺς τετμημένον. Ich bin weit davon entfernt das zu verstehen, aber das ἄνευ μέλους ebenso wie der Ausdruck λέξις scheint auf den Iambos zu weisen. κολοβόν heisst jedes in seiner natürlichen Form beeinträchtigte Metrum, der Spondeus sowol, der am Versschluss in Form eines Trochaeus erscheint, wie die Katalexe. Brachykatalexe und Hyperkatalexe. Im Grunde konnten auch Choliamben so genannt werden, wenn ich auch nicht weiss ob es geschehen ist. Die Hauptschwierigkeit liegt in σύνταγμα, das hier als technischer Ausdruck auftritt und doch sonst nicht so vorkommt. Es scheint ein Gedicht gemeint zu sein, in dem eine bestimmte Art von κολοβὰ μέτρα stichisch verwendet wird: das könnte ebensowol der katalektische iambische Tetrameter wie der anakreonteische Dimeter wie (eventuell) der hipponakteische Hinkiambos sein. Der zweite Satz drückt denselben Gedanken nur mit anderen Worten aus: ein Metrum das seine Begrenzung im κολοβόν findet ist eben ein κολοβόν. Der dritte Satz ist schwer verständlich: vielleicht ist es nur eine dritte Variante desselben Gedankens, aber wie kann ein μέτρον in λόγοι κολοβοί zerlegt werden? eine λέξις εἰς μέτρα κολοβὰ τετμημένη wäre einfach, aber zu emendiren wage ich nicht.

Aus Proklos' Abschnitt über die lyrische Poesie hat Photios sehr umfangreiche Excerpte bewahrt. Der Cramersche Scholiast beginnt hier karg und flüchtig zu werden, aber seine Fehler werden uns lehrreich sein, seine Lücken lassen sich zum Theil aus anderen Dionys-scholien ergänzen. Photios beginnt so: περὶ δὲ μελικῆς ποιήσεώς φησιν ὡς πολυμερεστάτη τ' (ἐστὶν) καὶ διαφόρους

---

[1] In den Londoner Scholien (Cram. p. 316) steht eine merkwürdige Geschichte von Elegos dem Sohn der Kleio, der bei seiner Hochzeit plötzlich stirbt; da verwandelt sich Freude und Tanz und Hochzeitslied in Klage, und πάντες ἐθρήνουν μετὰ μέλους, καὶ αὐληταὶ καὶ κιθαρισταὶ καὶ τραγῳδοί (?), ἐκπλαγέντες ἐπὶ τῶι συμβεβηκότι τῶι Ἐλέγωι. Das bekannte Motiv von Hochzeit und Tod könnte wol in einer alexandrinischen Elegie behandelt gewesen sein. Dass dies aus Proklos stammt, macht eine vollkommen analoge Geschichte von Hymenaios glaublich, die Photios bewahrt hat (p. 321 a 19): ὑμέναιον δὲ ἐν γάμοις ᾁδεσθαί φασι κατὰ πόθον καὶ ζήτησιν Ὑμεναίου τοῦ Τερψιχόρας, ὅν φασι γήμαντα ἀφανῆ γενέσθαι. Und dies kehrt wieder im Et. M. 776, 49.

ἔχει τομάς. ἃ μὲν γὰρ αὐτῆς μεμέρισται θεοῖς, ἃ δὲ ἀνθρώποις, ἃ δὲ εἰς τὰς προσπιπτούσας περιστάσεις· καὶ εἰς θεοὺς μὲν ἀναφέρεσθαι ὕμνον προσόδιον παιᾶνα διθύραμβον νόμον ἀδωνίδεια ἰόβακχον ὑπορχήματα. εἰς δὲ ἀνθρώπους u. s. w.. in langer Reihe werden die vielen Arten aufgezählt und dann im einzelnen erläutert. Aus diesen z. Th. sehr gelehrten Erläuterungen giebt der Cramersche Scholiast eine bescheidene Auslese. Bei Photios fehlt merkwürdiger Weise zu Anfang eine Definition der lyrischen Poesie, die Etymologie des Wortes λύρα, die Aufzählung der neun (oder zehn) lyrischen Dichter, alles Dinge, die beim Epos. Iambos und bei der Elegie eingehend berücksichtigt werden. Ich denke, die Bekkerschen Scholien werden das Deficit decken (p. 752,4): εἴρηται δὲ λυρικὴ ἀπὸ τοῦ ἀξιοπιστ(οτάτ)ου ὀργάνου· οὐ μόνον γὰρ πρὸς λύραν ἐλέγετο ἀλλὰ καὶ πρὸς αὐλὸν καὶ βάρβιτον καὶ ἁπλῶς εἰπεῖν πρὸς πᾶν ὄργανον μουσικόν. ἀλλ' ἐπειδὴ τῶν ἁπάντων τὸ ἀξιοπιστότατον ὄργανον ἡ λύρα ἐστίν, ἀπὸ ταύτης ὠνομάσθη. εἴρηται δὲ λύρα (παρὰ τὸ λύω) λύτρα τις οὖσα· φασὶ γὰρ ὅτι ποτὲ Ἑρμῆς ἐν Ἀρκαδίᾳ ἀναστρεφόμενος εὗρε χελώνην καὶ διακόψας ἐποίησε κοιλίαν λύρας. ἡνίκα δὲ τοὺς Ἡλίου l. Ἀπόλλωνος) βοῦς κλέψαι ἐβουλήθη καὶ διὰ τὸ μαντικὸν τοῦ θεοῦ οὐ δεδύνητο (l. οὐκ ἐδύνατο·. ἀνελήφθη (l. συνελήφθη). εἰδὼς δὲ καὶ τοῦ θεοῦ τὸ μουσικὸν δέδωκεν ὑπὲρ ἑαυτοῦ τὴν λύραν λύτρον καὶ ἠλευθερώθη τοῦ ἐγκλήματος (vgl. Boisson. Anecd. IV 458). Und ferner (p. 751,19): ἔστι τινὰ ποιήματα ἃ οὐ μόνον ἐμμέτρως γέγραπται ἀλλὰ καὶ μετὰ μέλους ἐσκέπτοντο (so) — γεγόνασι λυρικοὶ καὶ οἱ πραττόμενοι ἐννέα, ὧν τὰ ὀνόματά ἐστι ταῦτα κτλ. Es folgen zehn Namen, vgl. oben S. 14. Die Benennung der Lyrik a potiori erinnert an die Benennung des Epos wie Proklos sie erklärte. Bekannt ist, dass für die Lyrik die einzige oder doch die hauptsächliche Quelle des Proklos Didymos Περὶ λυρικῶν ποιητῶν war. Was nun im Etymologikon des Orion, der Proklos' Lehrer war, über lyrische Poesie steht, wird man gestützt auf das zweimalige directe Citat (p. 58,14. 156, 7) mit Sicherheit auf dasselbe Buch des Didymos zurückführen (MSchmidt Didymi Fragm. p. 390), also auch die Glosse p. 96,7 λύρα· παρὰ τὸ λύω, οὗ ὁ μέλλων λύσω. λύτρα (τις οὖσα Et. M.) ἐδόθη τῶι Ἀπόλλωνι παρὰ τοῦ Ἑρμοῦ ὑπὲρ ὧν ἔκλεψε βοῶν. Das deckt sich mit dem Dionyssscholion.

Photios nennt eine Mischgattung: εἰς θεοὺς δὲ καὶ ἀνθρώπους παρθένια δαφνηφορικὰ ὠσχοφορικὰ εὐκτικά· ταῦτα γὰρ εἰς θεούς γραφόμενα καὶ ἀνθρώπων περιείληφεν ἐπαίνους. Der Scholiast bezieht diese Characteristik auf die eine Art, die ὕμνοι· ὕμνος ἐστὶ ποίημα περιέχων θεῶν ἐγκώμια καὶ ἡρώων μετ' εὐχαριστίας, wobei der letzte Zusatz möglicherweise echt ist, sonst aber einem christlichen Gemüth wol nachgesehen werden könnte [1].

Vom ἐγκώμιον hat Photios nichts weiter erhalten (bei Proklos stand wol was Et. M. 311, 26 gesagt wird, vermuthlich aus Didymos, vgl. Hesych ἐγκώμιον)

[1] Was Proklos über ὕμνος gesagt hatte, ist unter Didymos' Namen Et. M. 777, 9 erhalten. Dass bei Photios τὰ εἰς τοὺς ὑπερέχοντας (für τοὺς ὑπηρέτας) zu schreiben ist, liegt auf der Hand (so auch Bapp Leipz. Stud. VIII 137).

DIE PROLEGOMENA ΠΕΡΙ ΚΩΜΩΙΔΙΑΣ   35

als dass es eine Unterart des ὕμνος sei. Der Scholiast scheint mehr zu wissen: ἐγκώμιόν ἐστιν ποίημα ἢ σύγγραμμα περιέχον τῶν νενικηκότων ἐγκώμιον ἐπ' αὐτῆι τῆι νίκηι καὶ δι' αὐτὴν γεγονός. Aber hier ist wol aus der Glosse selbst ein falsches Lemma entstanden, oder besser, es sind zwei Glossen miteinander verschmolzen worden. Die ersten Worte ποίημα ἢ σύγγραμμα passen in der That auf das poetische und rhetorische ἐγκώμιον, das übrige aber erklärt den ἐπίνικος ὕμνος, und zwar besser als bei Photios (321 a 2): ὁ δὲ ἐπίνικος ὑπ' αὐτὸν τὸν καιρὸν τῆς νίκης τοῖς προτεροῦσιν ἐν τοῖς ἀγῶσιν ἐγράφετο. Vom παιάν hat nach Orion p. 133. 32 Didymos die Etymologie παρὰ τὸ παύω παύων καὶ κατὰ τροπὴν τοῦ ῡ εἰς ῑ gegeben, d. h. weitergegeben. Darauf kann er sich nicht beschränkt haben. Photios sagt: ὁ δὲ παιάν ἐστιν εἶδος ὠιδῆς εἰς πάντας νῦν γραφόμενος θεούς, τὸ δὲ παλαιὸν ἰδίως ἀπενέμετο τῶι Ἀπόλλωνι καὶ τῆι Ἀρτέμιδι ἐπὶ καταπαύσει λοιμῶν καὶ νόσων ᾀδόμενος. καταχρηστικῶς δὲ καὶ τὰ προσόδιά τινες παιᾶνας λέγουσιν. Hier ist die Ableitung von παύειν nur noch verdeckt zu spüren (ἐπὶ καταπαύσει). Wenn dafür der Cramersche Scholiast sagt παιάν ἐστι ποίημα πρὸς Ἀπόλλωνα καὶ Ἄρτεμιν ἔχον προσφώνησιν ἐπὶ παρακτήσει λοιμῶν ἢ στάσεων ἢ τῶν παραπλησίων, so scheint zwar die Etymologie verschwunden zu sein, aber die παραίτησις zeigt. dass Apollon und Artemis nicht nur als Abwender von Pest und Seuche sondern auch als Urheber gedacht werden. Wir werden also annehmen dürfen, dass bei Proklos auch das gestanden hat was im Et. M. 657. 3 zu lesen ist: παιάν· ὕμνος (ἢ εἶδος) ὠιδῆς ἐπὶ ἀφέσει λοιμοῦ ἀιδόμενος, ὡς τὸ 'καλὸν ἀείδοντες παιήονα κοῦροι Ἀχαιῶν μέλποντο Ἑκάεργον' (Α 473 mit Scholien). οὕτω γὰρ ἰδίως αὐτοὺς τῶι Ἀπόλλωνι καὶ τῆι Ἀρτέμιδι προσέφερον (προσεφώνουν?) ὡς αἰτίοις τῶν λοιμικῶν παθῶν. Das wird ausgeführt: Apollon als Helios. die Schwester als Selene verursachen Dürre, Pest und anderes Leid. Dann folgt die Etymologie von παύειν. Vgl. auch Photios p. 320 b 24, wo er νόμος und παιάν vergleicht: ὁ μὲν γὰρ (παιάν) ἐστι κοινότερος εἰς κακῶν παραίτησιν γεγραμμένος κτλ. Dass manche auch die προσόδια 'missbräuchlich' als Paeane bezeichnet hätten, scheint nur bei Photios überliefert zu sein: ganz ebenso beginnt der Schlusssatz in der Glosse Bekk. An. 296. 1 καταχρηστικῶς δὲ (ὁ παιάν) καὶ εἰς ἄλλον θεόν τινα ὕμνος ἐπί τινι ἔργωι κατωρθωμένωι λεγόμενος, vgl. Schol. Plat. Symp. p. 177 a. Aber ein Irrthum ist es nicht, wie wir sogleich sehen werden. Vom προσόδιον stimmt Photios' Bericht genau mit Didymos bei Orion p. 155 f. und im Et. M. 690, 33 [1]). Genau wie die Komödie von κῶμα und κώμη, so wird hier das προσόδιον doppelt abgeleitet, von πρόσοδος (προσιέναι ναοῖς ἢ βωμοῖς) und in falscher Orthographie von προσωιδή (πρὸς αὐλὸν ᾄδειν), und dann beide Ableitungen vereinigt. Bei Proklos muss aber mehr gestanden haben, man wusste doch noch anderes von den προσόδια als was die Etymologie lehrte: wenigstens eine geringe Entschädigung für das verlorene

---

1) Wo zu schreiben ist προσωιδίας· παρὰ τὸ προσιόντας ναοῖς ἢ βωμοῖς πρὸς αὐλὸν ᾄδειν. Ἰδίαι δὲ τῶν ὕμνων, ὅτι τοὺς ὕμνους πρὸς κιθάραν ἑστῶτες ᾄδουσιν. Ueberliefert ist διὰ δὲ τῶν ὕμνων, falsch MSchmidt Didym. p. 390. Vgl. Phot. p. 320 a 15.

5*

verdanken wir dem Cramerschen Scholiasten: προσόδιόν έστι ποίημα ύπό άρρένων ή παρθένων χορού έν τήι προσόδωι τήι πρός τόν θεόν άιδόμενον. Darauf folgt ein werthvoller Zusatz: φέρεται δέ έν τούτωι τώι γένει καί τό άποτρεπτικόν· έστι δέ ποίημα σπαστικόν κατά τόν άπό τών θεών χωρισμόν άιδόμενον. Das ist zunächst unverständlich, weil ein άποτρεπτικόν μέλος, von dem sonst nichts bekannt ist, wenn es dem Processionslied untergeordnet wird, nur ein παιάν sein kann. Die sichere Emendation giebt das Et. M. 131, 37 άποστεπτικόν άισμα ούτω καλούμενον ότι μετά τό άποστεφθήναι τούς στεφάνους ήιδετο έν τοίς παιάσι μελλόντων άποπλείν. Die letzten Worte weisen auf die heiligen Theorien zum Frühlingsfest der Delien: männliche und weibliche Chöre haben in festlicher Procession den Paian vorgetragen und kehren nun nach Hause zurück, da singen sie ein Abschiedslied, und damit es als eine Zugabe, nicht mehr als ein Theil ihrer religiösen Aufgabe erscheine, legen sie die Kränze zuvor ab. Es ist in der That freilich nicht ein σπαστικόν sondern ein άσπαστικόν ποίημα (άσπάζεσθαι vom Abschiedsgruss z. B. Xen. Anab. VII 1, 8). Der Paian, der von den fremden Chören in Delos gesungen wird, kann wol ein προσόδιον genannt werden, wie Photios sagt. Es ist ein Preislied auf Apollon und Artemis (daher κατά τόν άπό τών θεών χωρισμόν)[1]) für alles was sie den Menschen Gutes gethan, für ihren Schutz in aller Noth. θύσια Άπόλλωνι, wie es der Pericget Dionysios nennt (527), eine ώιδή έπ' εύτυχίαι καί νίκηι (Schol. Plat. Symp. p. 177a), ein ύμνος έπί τινι έργωι κατωρθωμένωι λεγόμενος (Bekk. An. 296, 1). Ich denke, all diese Grammatikerüberlieferung fügt sich zu einer Einheit zusammen, und diese Einheit war Proklos oder seine Quelle Didymos. Denn Didymos war, wie für alle litterarischen Glossen im Et. M., so gewiss auch für das άποστεπτικόν άισμα der einzige Gewährsmann.

Ganz werthlos ist was beim Scholiasten über den Dithyrambos steht, aber bezeichnend für seine Compilationsweise: διθύραμβός έστι ποίημα πρός Διόνυσον άιδόμενον· ή πρός Άπόλλωνα περιπλοκαί ίστοριών οίκείως. Photios ist hier sehr ausführlich, und Proklos wird schwerlich viel mehr gesagt haben. Zunächst heisst es richtig γράφεται μέν είς Διόνυσον, dann werden verschiedene Etymologien angeführt, dann der 'Erfinder' Arion. Darauf fährt er fort: ὁ μέντοι νόμος γράφεται μέν είς Άπόλλωνα. Es folgt eine Geschichte der Entwicklung des νόμος (Chrysothemis, Terpandros, Arion, Phrynis, Timotheos), und daran knüpft sich ein Vergleich von νόμος und διθύραμβος, wobei es von letzterem heisst κεκινημένος (έστι καί πολύ τό ένθουσιώδες μετά χορείας έμφαίνων, είς πάθη κατασκευαζόμενος τά μάλιστα οίκεία τώι θεώι. Es ist also klar, dass der Scholiast diesen Vergleich vor Augen gehabt. Dithyrambos und Nomos in Folge dessen durcheinander geworfen und gar nichts verstanden hat. Die Worte ή πρός Άπόλλωνα beziehen sich auf den Nomos, die folgende Corruptel mag so zu verbessern

---

1 Aus der gleichen Quelle Pollux I 38, αί δέ είς θεούς ώιδαί κοινώς μέν παιάνες εύιοι, ίδίως δέ Άρτέμιδος ύμνος ούπιγγος, Άπόλλωνος ό παιάν, άμφοτέρων προσόδια, Διονύσου διθύραμβος, Δήμητρος ίουλος, das letztere als Didymos' Erklärung bezeugt, s. u. S. 39.

DIE PROLEGOMENA *ΠΕΡΙ ΚΩΜΩΙΔΙΑΣ* 37

sein *περὶ παθ(ῶν) καὶ ἱστοριῶν οἰκείων*, jedenfalls bezieht sich das auf den Dithyrambos. Aeltere Dionysscholien sind reicher und genauer gewesen. In dem litterargeschichtlichen Abriss, der die Einleitung zu Tzetzes' Lykophroncommentar bildet, werden erst die *γνωρίσματα* eines Dichters aufgezählt (*μέτρον, μῦθος, ἱστορία καὶ ποιά λέξις*, dann heisst es weiter: *γεγόνασι δὲ ὀνομαστοὶ ποιηταὶ* (er meint Epiker, die Dichter *κατ' ἐξοχήν*) *πέντε*, fast genau wie bei Photios (*γεγόνασι δὲ τοῦ ἔπους ποιηταὶ κράτιστοι μὲν Ὅμηρος κτλ*); die fünf Namen sind hier wie dort die gleichen. Tzetzes kommt weiter auf die Lyrik (p. 252 M): *διθύραμβοι ἀπὸ τοῦ Διονύσου ἐλέγοντο τοῦ διὰ δύο θυρῶν βάντος, τῆς τε γαστρὸς Σεμέλης καὶ τοῦ μηροῦ τοῦ Διός*. Aehnlich Photios: *προσαγορεύεται δὲ* (der Dith.) *ἐξ αὐτοῦ* (τοῦ *Διονύσου*) *ἤτοι διὰ τὸ κατὰ τὴν Νύσσαν ἐπ'* (l. *ἐν*) *ἄντρωι διθύρωι τραφῆναι τὸν Διόνυσον — ἢ διότι δὶς δοκεῖ γενέσθαι. ἅπαξ μὲν ἐκ τῆς Σεμέλης, δεύτερον δὲ ἐκ τοῦ ⟨Διὸς⟩ μηροῦ*. Die erste Etymologie scheint bei Tzetzes in den Worten *διὰ δύο θυρῶν* nachzuwirken. Tzetzes sagt ferner p. 259 von den *ἀσματογράφοι* oder *ἀοιδοί* (so eine Verwechslung bringt nur er fertig), ihre eigenste Thätigkeit sei *τὸ ἄισματα καὶ ᾠδὰς γράφειν πρὸς μουσικὴν καὶ φόρμιγγα καὶ βάρβιτον καὶ κιθάραν καὶ πᾶν ὄργανον μουσικῶς ἀδόμενον*: er führt Rhapsoden namentlich an und citirt, als hätte er ihn selbst gelesen, den Phalereer Demetrios, nämlich sein Buch *Περὶ ποιητῶν* (Diog. L. V 80). Aehnliches steht in Bekkers Dionysscholien (p. 752, 1), natürlich von den *λυρικοί*.

Ueber das *σκολιόν* hatte Didymos *ἐν τρίτωι τῶν Συμποσιακῶν* ausführlich gehandelt und verschiedene Etymologien (und Erklärungen) verzeichnet, nach dem Zeugniss des Orion (*Ώρος* die Hdschr.) im Et. M. 713,35. Wie reich das Material von ihm gehäuft war, zeigen Reitzensteins Zusammenstellungen Epigr. u. Skol. S. 3 ff. Proklos hatte einen grossen Theil dieser Gelehrsamkeit aufgenommen, Photios davon folgendes bewahrt: *τὸ δὲ σκολιὸν μέλος ἤιδετο παρὰ τοὺς πότους· διὸ καὶ παροίνιον αὐτὸ ἔσθ' ὅτε καλοῦσιν. ἀνειμένον δέ ἐστι τῆι κατασκευῆι καὶ ἁπλούστατον μάλιστα. σκολιὸν δὲ εἴρηται οὐχ, ὡς ἐνίοις ἔδοξε, κατ' ἀντίφρασιν (τὰ γὰρ κατ' ἀντίφρασιν ὡς ἐπίπαν τοῦ εὐφημισμοῦ στοχάζεται, οὐκ εἰς κακοφημίαν μεταβάλλει τὸ εὔφημον) ἀλλὰ διὰ τὸ προκατειλημμένων ἤδη τῶν αἰσθητηρίων καὶ παρειμένων οἴνωι τῶν ἀκροατῶν τηνικαῦτα εἰσφέρεσθαι τὸ βάρβιτον εἰς τὰ συμπόσια καὶ διονυσιάζοντα ἕκαστον ἀκροσφαλῶς συγκόπτεσθαι περὶ τὴν προφορὰν τῆι ᾠδῆς. ὅπερ οὖν ἔπασχον αὐτοὶ διὰ τὴν μέθην, τοῦτο τρέψαντες εἰς τὸ μέλος σκολιὸν ἐκάλουν τὸ ἁπλούστατον*. Die von Photios, d. h. von Proklos gebilligte Deutung stammt von seinem Lehrer Orion (Et. M. a. O); in unserem Orion fehlt die Glosse): *ἀπὸ τοῦ μεθύουσι καὶ σκολιῶς ἔχουσι τὰ αἰσθητήρια αἴδεσθαι*. Photios muss stark gekürzt haben. Tzetzes nämlich giebt in den Iamben *Περὶ κωμωιδίας*, nachdem er über alte und neue Komödie und über das *γελοῖον* inhaltlich das gleiche erörtert hat wie wir es im Anonymus V und VI lesen, plötzlich und unvermittelt eine Erklärung der *σκαμβὰ μέλη*, d. h. der Skolien. Genau ebenso folgt in den Aristophaneshandschriften (Laur. Θ und Mediol.) auf den Anonymus VI ein Stück desselben Inhalts, das im Venetus und Estensis noch weit wunderlicher sich an die Aristophanesvita anschliesst. Im Venetus lautet es folgendermassen: 1. σκολιὰ λέγεται τὰ παροίνια μέλη τὰ ἐν τοῖς συμποσίοις ᾀδόμενα. καὶ ὡς μὲν ἔνιοί φασιν ἐκ τοῦ ἐναντίου προσαγορεύθησαν· ἁπλᾶ γὰρ αὐτὰ ἐχρῆν εἶναι καὶ εὔκολα ὡς παρὰ πότον ᾀδόμενα. οὐκ εὖ δὲ τοῦτο· τὰ γὰρ δύσφημα ἐπὶ τὸ εὐθυμότερον (l. εὐφημότερον) μεταλαμβάνεται, οὐ τὸ ἔμπαλιν. 2. τί οὖν; ἐπάναγκες ἦν τὸ ἐν συμποσίοις ἅπασιν ᾄδειν μετὰ λύρας. ὅσοι δὲ οὐκ ἠπίσταντο λύραι χρῆσθαι, δάφνης ἢ μυρρίνης κλῶνας λαμβάνοντες ᾖδον. [ἐπὶ] τοῖς οὖν οὐκ ἐπισταμένοις μέλη πρὸς λύραν ᾄδειν σκολιὰ ἐδόκει· ὅθεν καὶ σκολιὰ ὠνομάσθησαν. 3. τινὲς δὲ οὕτως· οὐ κατὰ τὸ ἑξῆς φασι δίδοσθαι τὴν λύραν ἀλλ' ἐναλλάξ· διὰ τι)ν σκολιὰν οὖν καὶ μὴ ἐπ' εὐθείας τῆς λύρας περιφέρειαν (l. περιφορὰν) σκολιὰ ἐλέγετο. Genau die gleichen drei Erklärungen, nur die erste ohne Widerlegung, hat Tzetzes in den Iamben. Die gleiche Quelle für ihn und für die Anonymi stellt sich auch hier mit Sicherheit heraus[1]). Nun ist das erste Stück dieser Quelle so gut wie identisch mit Proklos, wobei zu beachten ist, dass die feine Bemerkung über den Euphemismus gewiss auf einen guten und alten Grammatiker weist: nirgend sonst als bei Proklos ist das Stück nachweisbar. Es hat doch alle Wahrscheinlichkeit für sich dass N. 2 und 3 aus derselben Quelle stammen, zumal wir wissen, wie fleissig Proklos, Dank seinen gelehrten Vorlagen, Meinungsverschiedenheiten gehäuft hat. Beide Erklärungen finden sich auch bei Plutarch Qu. symp. 1 1, 5 p. 615 b zusammen, aus Dikaiarch und anderen Quellen (Reitzenstein S. 5), denselben offenbar, die Didymos benützte, vielleicht auch direct aus Didymos. Nach dem was sich uns bisher über die Quelle des Cramerschen Dionysscholiasten ergeben hat, dürfen wir mit seiner Hilfe den Reichthum des Proklos noch vermehren. Freilich hat sein kurzes Excerpt mit Photios nur sehr flüchtige Aehnlichkeit: σκολιόν ἐστι ποίημα πρὸς συμποσίου συναγωγὴν εὐθέτως ἔχον, ἱστορίαις καὶ παιδιαῖς οἰκείαις πότωι συμπεπλεγμένον (-μέναις Cod. verb. Reitzenstein). καλεῖται δὲ παροίνιον (δὲ ἐπίνοιον Cod.). Den Ausdruck ἱστορίαι οἰκεῖαι hatte Proklos beim νόμος gebraucht (s. o. S. 36 f.). Wichtig ist dass hier endlich einmal vom Inhalt der Skolien die Rede ist: die ἱστορίαι sind die Erwähnungen des Admet, des Telamon, des Harmodios und Aristogeiton, die παιδιαί etwa die lustige Fabel vom Krebs, der seinen Sohn geradeaus zu gehen lehrte, und dergleichen. In dem εὐθέτως ἔχον πρὸς συμποσίου συναγωγήν ist dem Sinne nach dasselbe enthalten was der Aristophanestractat sagte: ἁπλᾶ γὰρ αὐτὰ ἐχρῆν εἶναι καὶ εὔκολα ὡς παρὰ πότον ᾀδόμενα. Der letzte mit Proklos gut übereinstimmende Satz (παροίνια) beweist leider nicht allzuviel.

Sehr kurz sagt Photios vom σίλλος, dass er λοιδορίας καὶ διασυρμοὺς πεφεισμένως ἀνθρώπων ἔχει (dieselben Worte, diesmal aus Photios Et. M. 713. 14, mit dem Zusatz μέλος δ' ἐστίν), und noch kürzer der Londoner Scholiast σίλλος ἐστὶ ποίημα λοιδορίας κατά τινος περιέχον. Mit Unrecht hat man das Adverbium

---

[1] Das Scholion zu Arist. Wesp. 1239 kann die Quelle trotz aller Aehnlichkeit nicht sein, da es weniger reichhaltig ist: vor allem aber erfordert die Methode, diese Bemerkungen von ebendaher abzuleiten von wo das vorhergehende stammt.

πεφεισμένως (den Griechen der Kaiserzeit geläufig wie φειδομένως 'mit Mass') verdächtigt und Wachsmuth Sillographorum reliquiae p. 7 die ebenso alte wie unverständliche Conjectur πεφασμένως vertheidigt[1]). Die gelehrte Erklärung bei Aelian Var. hist. III 40 (σάτυροι, τίτυροι, σιληνοί, nicht etwa aus Apollodor, vgl. Strabo IX p. 468) σιληνοὶ δὲ ἀπὸ τοῦ σιλλαίνειν· τὸν δὲ σίλλον ψόγον λέγουσι μετὰ παιδιᾶς δυσαρέστου giebt dieselbe Einschränkung: nicht ernsthafte Kritik ist der Inhalt der Sillen, sondern Spass und Spott.

Ueber die Todtenlieder hat Photios wiederum nur einen Theil dessen was er bei Proklos fand excerpirt: διαφέρει δὲ τοῦ ἐπικηδείου ὁ θρῆνος ὅτι τὸ μὲν ἐπικήδειον παρ' αὐτὸ τὸ κῆδος ἔτι τοῦ σώματος προκειμένου λέγεται, ὁ δὲ θρῆνος οὐ περιγράφεται χρόνωι. Eine Begriffs- und Inhaltsbestimmung fehlt. Die hat der Cramersche Scholiast wenigstens vom θρῆνος bewahrt: θρῆνός ἐστι ποίημα ὀδυρμὸν περιέχον καὶ ἐγκωμιαστικὸν τοῦ τετελευτηκότος, wo auch vielleicht zu streichen ist. Eine gemeinsame indirecte Quelle für den Scholiasten wie für Photios lässt sich nachweisen. Ammonios p. 54 Valck. sagt: ἐπικήδειον καὶ θρῆνος διαφέρει. ἐπικήδειον μὲν γάρ ἐστι τὸ ἐπὶ τῶι κήδει, θρῆνος δὲ τὸ ἐν ὠιδῆι (?). οὕτω Τρύφων (fr. 114 V). Ἀριστοκλῆς δὲ ὁ Ῥόδιος ἐν τῶι Περὶ ποιητικῆς τοὔμπαλιν. φησὶ γάρ 'θρῆνος δ' ἐστὶν ὠιδὴ τῆς συμφορᾶς οἰκεῖον ὄνομα ἔχουσα· ὀδυρμὸν ἔχει σὺν ἐγκωμίωι τοῦ τελευτήσαντος. τινὲς μὲν οὖν κοινῶς πάντα εἶπον θρήνους, οἳ δὲ διαφέρειν θρῆνόν τε καὶ ἐπικήδειον τῶι τὸν θρῆνον ἄιδεσθαι παρ' αὐτῆι τῆι συμφορᾶι πρὸ τῆς ταφῆς καὶ μετὰ τὴν ταφὴν καὶ κατὰ τὸν ἐνιαύσιον χρόνον τῆς κηδείας ἀιδόμενον ὑπὸ τῶν θεραπαινίδων καὶ τῶν σὺν αὐταῖς, τὸ δ' ἐπικήδειον ἔπαινόν τινα τοῦ τελευτήσαντος μετά τινος μετρίου σχετλιασμοῦ (vgl. Eust. 1673, 48). Der Grammatiker Aristokles von Rhodos war ein Zeitgenosse des Strabo (XIV 655), vielleicht ein älterer Zeitgenosse, älter jedes Falls als Didymos (Erotian p. 32, 10 Kl), der ihn mithin citiren konnte. Bei Photios ist Tryphons Erklärung des ἐπικήδειον erhalten und beim Scholiasten Aristokles' Erklärung des θρῆνος. Die einfachste Annahme wäre, dass bei Proklos beides gestanden hätte, also Didymos den Aristokles wie den Tryphon citirt haben müsste. Nun ist es ja richtig, dass wir nur Belege dafür haben, dass Tryphon den Didymos citirt (Bapp Leipz. Stud. VIII 107); daraus folgt aber noch nicht dass das umgekehrte Verhältniss unmöglich war: es waren ja doch Zeitgenossen. Aber auch die Möglichkeit kommt in Betracht, dass Tryphons Meinung gar nicht zuerst von ihm vorgebracht war. Die Deutung der ἴουλοι als ταλασιουργῶν ὠιδή wird von Athen. XIV 618 e dem Tryphon zugeschrieben, aber Eratosthenes hatte vor ihm so gedeutet, und gegen Eratosthenes polemisirte Didymos (Schol. Apoll. I 972). Dass der Verfasser Περὶ ὁμοίων καὶ διαφόρων λέξεων (wol Herennius Philon, vgl. Cohn bei Pauly-Wissowa u. d. W.) Tryphons Ὀνομασίαι benützen musste, liegt auf der Hand, da fand er eine Fülle des Stoffes wie er ihm brauchte.

---

1) Sollte der Sinn sein μετ' ἐμφάσεως, wie Wachsmuth meinte, konnte niemand darauf rechnen, dass ein Leser πεφασμένως so verstehen würde. Man musste dann mindestens ἐμπεφασμένως corrigiren.

Dem Didymos lagen andere Quellen näher. Sicher aber scheint mir, dass der Dionysscholiast und Photios ein und dieselbe Vorlage wiedergeben, und dass diese, die Chrestomathie des Proklos, auch hier Didymos' Buch über die Lyriker ausschrieb. Die letzte Gattung lyrischer Gedichte, die der Scholiast erwähnt, ist das ὑπόρχημα. Er sagt: ὑπ. ἐστὶ ποίημα πρὸς ὄρχησιν γεγραμμένον πρὸς τὸν αὐτὸν ῥυθμὸν ὅς (Cod. ὅ) δὴ ὑπορχηματικὸς (-κὸν Cod.) καλεῖται. Mehr hat Photios: ὑπόρχημα δὲ τὸ μετ' ὀρχήσεως ᾀδόμενον μέλος ἐλέγετο· καὶ γὰρ οἱ παλαιοὶ τὴν ὑπὸ ἀντὶ τῆς μετά πολλάκις ἐλάμβανον. εὑρετὰς δὲ τούτων λέγουσιν οἱ μὲν Κούρητας, οἱ δὲ Πύρρον τὸν Ἀχιλλέως, ὅθεν καὶ πυρρίχην εἶδός τι ὀρχήσεως λέγουσιν. Wie sicher die beiden Excerpte Theile einer Einheit sind, zeigt das gelehrte Pindarscholion (Pyth. 2, 27): διέλκεται δὲ ἡ τῆς πυρρίχης ὄρχησις, πρὸς ἣν τὰ ὑπορχήματα ἐγράφησαν (so weit der Cramersche Scholiast). ἔνιοι μὲν οὖν φασι πρῶτον Κούρητας τὴν ἔνοπλον ὀρχήσασθαι ὄρχησιν, αὖθις δὲ Πύρριχον τὸν Κρῆτα συντάξασθαι (cf. Strabo X p. 480) — ἔνιοι δὲ οὐκ ἀπὸ Πυρρίχου τοῦ Κρητὸς τὴν πυρρίχην ὠνομάσθαι, ἀλλ' ἀπὸ Πύρρου τοῦ Ἀχιλλέως παιδὸς ἐν τοῖς ὅπλοις ὀρχησαμένου ἐν (l. ἐπὶ) τῆι κατὰ Εὐρυπύλου τοῦ Τηλέφου νίκῃ κτλ. Vgl. Hesych πυρριχίζειν und Rose zu Aristot. fr. 471 (ed. 1863), der ohne Frage mit Recht Didymos für den Verfasser dieser gelehrten Uebersicht ansgiebt. Didymos wird in dem Buch über die Lyriker ähnliches zusammengestellt haben. Dass auch von dem Rhythmos der Hyporchemata (ὑπορχηματικοὶ ῥυθμοί Dion. de adm. Demosth. dicendi vi c. 4) d. h. von Kretikern bei Proklos die Rede war, versteht sich von selbst; davon hat der Scholiast wenigstens eine Spur bewahrt.

Vielleicht hat die Erwähnung des kretischen Rhythmos es veranlasst, dass an dieser Stelle der Dionysscholien eine Definition des ῥυθμός im allgemeinen steht. Denkbar ist es immerhin dass Zufall oder Versehen das nicht unwichtige Stück aus dem ursprünglichen Zusammenhang herausgerissen und aus der theoretischen Einleitung über die Poesie, da wo das μέτρον behandelt war, in diesen Winkel verschlagen hat. Nothwendig aber ist die Annahme nicht. Ich will die kurzen Sätze über μέτρον und ῥυθμός hier zusammenstellen.

Cram. p. 312, 16 ἐστὶ δὲ μέτρον μὲν ποιὰ καὶ ποσὴ λέξεων ἀπηρτισμένων σύνθεσις κατά τε μέγεθος [ἀπηρτισμένως] καὶ τάξιν συλλαβῶν ἐν ἰσότητι ἢ ὁμοιότητι ἢ οἰκειότητι ἤτοι τῶν μερῶν πρὸς ἄλληλα ἢ τοῦ ὅλου πρὸς ἕτερα.

Cram. p. 314, 18 ῥυθμός ἐστι σύστημα συγκείμενον ἐκ χρόνων οὐ πάντων συγκειμένων πρὸς ἀλλήλους· οὐ γὰρ πᾶσα χρόνων σύνθεσις ἐρρυθμος κίνησις χρόνων ἐν μεγέθει τακτῶι συλλαμβανομένη, ἢ ἀναλογία μεταξὺ δύο λόγων κειμένη τάξις βραδέως τε καὶ ταχέως.

Eine so umständliche Definition des μέτρον wie die hier gegebene ist mir sonst nicht bekannt. Sie lag Longin vor, der Proleg. zu Hephaest. p. 144 Gaisf. den Anfang citirt: μέτρον δὲ οὐκ ἂν γένοιτο χωρὶς λέξεως ποιᾶς καὶ ποσῆς. Aristoxenos (Westphal Gr. Rhythm. S. 40, 2) erklärt den Tact mit ähnlichem Ausdruck: οὔτε γὰρ πόδας συντίθεμεν ἐκ χρόνων ἀπείρων ἀλλ' ἐξ ὡρισμένων καὶ πεπερασμένων μεγέθει τε καὶ ἀριθμῶι καὶ τῆι πρὸς ἀλλήλους ξυμμετρίαι τε καὶ τάξει.

DIE PROLEGOMENA ΠΕΡΙ ΚΩΜΩΙΔΙΑΣ   41

Er mag wol das Metrum wenigstens inhaltlich ähnlich bestimmt haben wie der Scholiast. *ἀπηρτισμένως* scheint, da eine Wiederholung des Particips (*ἀπηρτισμένων*) zum Verständniss nicht nothwendig ist, eine einfache Dittographie. Das übrige ist klar bis auf den Schluss, wo man für πρὸς ἕτερα vielmehr πρὸς τὰ μέρη erwartet. Um so schwieriger ist der schwer verderbte Abschnitt über den Rhythmos. Die Hauptsache, dass zu Anfang die Definition des Aristoxenos vorliegt, hat Usener erkannt (Rhein. Mus. XXV 608), das übrige aber schwerlich richtig behandelt. Aristoxenos sagt (Westphal a. O. 29, 20): ἀκόλουθον δ' ἐστὶ — τὸ λέγειν, τὸν ῥυθμὸν γίνεσθαι ὅταν ἡ τῶν χρόνων διαίρεσις τάξιν τινὰ λάβηι ἀφωρισμένην· οὐ γὰρ πᾶσα χρόνων τάξις ἔρρυθμος. Die Definition beim Scholiasten ist nicht aus dieser Stelle geschöpft, sie stimmt vielmehr zum Theil wörtlich mit Aristides Quintilianus (Westph. a. O. 47. 14): ῥυθμός τοίνυν ἐστὶ σύστημά ἐκ γνωρίμων χρόνων κατά τινα τάξιν συγκείμενον, woraus sich ergiebt, was der Scholiast mit οὐ πάντων χρόνων meinte: οὐ πάντων ἀλλὰ γνωρίμων μόνον. Usener hatte sich durch Marius Victorinus (p. 43, 3 *Aristoxenus autem ait non omni modo inter se composita tempora rhythmum facere*) verleiten lassen οὐ πάντως zu corrigiren. Das erledigt sich jetzt, zugleich aber erhellt, dass in den folgenden Worten nicht mehr zu dem Negativ οὐ γὰρ πᾶσα χρόνων σύνθεσις ἔρρυθμος ein Positiv gesucht werden darf. Es scheint eine weitere Definition des ῥυθμός zu folgen ⟨ἡ ῥυθμὸς⟩ κίνησις χρόνων ἐν μεγέθει τακτῶι συλλαμβανομένη, vielleicht die des Nikomachos (Bacchios bei Westph. 66, 15 χρόνων εὔτακτος σύνθεσις) oder eine ähnliche. Was endlich noch übrig bleibt, bezieht sich offenbar gar nicht mehr auf den ῥυθμός im allgemeinen. Aristoxenos (S. 34, 6 W) sagt: ὥρισται δὲ τῶν ποδῶν ἕκαστος ἤτοι λόγωι τινὶ ἢ ἀλογίαι τοιαύτηι ἥτις δύο λόγων γνωρίμων τῆι αἰσθήσει ἀνὰ μέσον ἔσται, und gleich darauf: ἔσται δ' ἡ ἀλογία μεταξὺ δύο λόγων γνωρίμων τῆι αἰσθήσει, τοῦ τε ἴσου καὶ τοῦ διπλασίου· καλεῖται δ' οὗτος χορεῖος ἄλογος. Darauf lässt der Pariser Anonymus (S. 79, 1 W), der dem Text des Scholiasten noch näher zu kommen scheint: ὡρισμένοι δ' εἰσὶ τῶν ποδῶν οἵ μὲν λόγωι τινὶ οἵ δὲ ἀλογίαι κειμένηι μεταξὺ δύο λόγων γνωρίμων· ὥστε εἶναι φανερὸν ἐκ τούτων, ὅτι ὁ πούς λόγος τίς ἐστιν ἐν χρόνοις κειμένος ἢ ἀλογία ἐν χρόνοις κειμένη εἰρημένον ἀφορισμὸν ἔχουσα. Man wird also etwa so emendiren müssen: (ὁ δὲ πούς ἐστιν ἢ ἐν λόγωι) ἢ ἐν ἀλογίαι μεταξὺ δύο λόγων κειμένηι τάξις βραδέος τε καὶ ταχέος, wobei unter den beiden λόγοι ῥυθμικοί der ἴσος und der διπλάσιος zu verstehen sind: der Daktylos heisst hier der schnelle, der Iambos der langsame (Anon Paris. S. 79, 15 W). Ueber das enge Verhältniss zwischen ῥυθμός und πούς vgl. Westphal a. O. S. 201 f.

Also in welchem Ableitungsgrade auch immer, Aristoxenische Lehre hat der Scholiast ohne Frage vermittelt und damit aufs neue gezeigt, wie vortreffliche Quellen wir hinter seiner bettelhaften Dürftigkeit suchen dürfen und wie unersetzlich der Verlust seiner Vorlage, der Chrestomathie des Proklos, für uns ist.

Photios hat nur die beiden ersten Bücher des Proklos excerpirt; mit der Lyrik hatte das zweite Buch geschlossen. Dass das 3. Buch dem Drama zufiel, darüber ist kein Zweifel möglich: ein bescheidenes Bruchstück hat uns der Dionysscholiast bewahrt, indem er die Theile der Tragödie nebst einer Definition dieser Gattung excerpirte und zwar in fast wörtlicher Uebereinstimmung mit Tzetzes. Es hat sich gezeigt, dass ein umfängliches Stück über die Komödie bei Tzetzes und in den Dionysscholien sein Gegenstück in einer ähnlichen Abhandlung über die Tragödie hatte (dies nur in den Dionysscholien überliefert) und dass beide einem litterarhistorischen Zusammenhange entnommen waren, in welchem Komödie und Tragödie (und zweifellos auch das Satyrdrama) auf den gleichen Ursprung zurückgeführt wurden (s. o. S. 14). Die Vermuthung liegt nahe, dass Proklos auch hier als Quelle gelten muss.

Die Erzählung vom Ursprung der Komödie im Dionysscholion wurde schon früher berührt (S. 12 f.). Auf Grund einer falschen Etymologie, im Widerspruch mit Aristoteles wird die Komödie als Lied der Dorfleute gefasst, die sich über ihre städtischen Bedrücker beschweren. Aus dem gelegentlichen Vorfall wird eine dauernde, sogar eine staatliche Institution. Was hier an Thatsachen zu Grunde liegt, ist schwer zu sagen. Der bedrückte Bauersmann ist aus altattischer Zeit eine bekannte Figur, die Sitte der Spott- und Rügelieder hat in Attika sowenig wie sonst gefehlt; es ist möglich, dass das alles war. Das aus Combination und Construction zusammengesetzte Bild hat einige innere Aehnlichkeit mit der Eratosthenischen Erklärung der φυλλοβολία (Schol. Eur. Hek. 573): in beiden Fällen erkennen wir die peripatetische Neigung zur speculativen und intuitiven, zeit- und personenlosen Culturgeschichtsschreibung, wie sie besonders anspruchsvoll der manierirte Klearch betrieb. Die Erzählung konnte sich mit der einen Ableitung der Komödie von κώμη begnügen: die andere mit jener verbundene Ableitung von κῶμα konnte secundär hinzugetreten sein. In der vorliegenden Gestalt ist der Bericht freilich nicht älter als Philoxenos (s. o. S. 13), seine ersten Spuren finden wir, wenn ich nicht irre, bei Didymos. Didymos' Buch über die Lyriker war in Orions Lexikon und (vielleicht durch Orions Vermittlung) in Proklos' Chrestomathie ausgiebig benützt; eine grosse Reihe von Orionglossen sind ins grosse Etymologicum hinübergenommen worden. Es ist gewiss kein Zufall, dass in den Etymologica sich so gut wie keine litterarischen Artikel finden, die zum Epos oder zum Drama gehören, dagegen eine grosse Zahl von solchen die die Lyriker angehen. Didymos wird direct als Quelle genannt u. d. W. ἔλεγος, προσωιδία, ὕμνος, παιάν, σκολιά; mit Proklos zeigen mannigfache Berührung, und erweisen dadurch die Benützung des Didymos, die Glossen Ἴαμβη, διθύραμβος, ὠσχοφόρια, ὑμέναιος[1]. Ich denke, wir haben das Recht die übrigen Glossen ähnlicher Art derselben Quelle zuzuweisen,

---

[1] Dagegen ist Et. M. 472, 26 ἴουλος ein Apolloniosscholion (I 972), und gerade was Didymos gegen Eratosthenes bemerkte, ausgefallen. Zur Wiederherstellung von Didymos' Buch ist auch das trockene Verzeichniss des Pollux IV 52 ff. zu verwerthen, das mancherlei deutliche Verwandtschaft mit Photios' Auszug zeigt; besonders aber die etwas inhaltreicheren Bemerkungen bei Pollux I 38 sind durchaus Didymeisch. Vgl. Ἀρτέμιδος ὕμνος οὔπιγγος und Δήμητρος ἴουλος mit Schol. Apoll. I 972, das übrige mit Photios.

DIE PROLEGOMENA *ΠΕΡΙ ΚΩΜΩΙΔΙΑΣ* 43

ἰθύφαλλοι, *θρίαμβοι*, *αἴλινος*, *ἱμαῖος*, *σίλλοι*, *νόμοι καθαρωιδικοί* und *ἐγκώμια*; wenn die meisten der ebengenannten Lieder bei Photios fehlen, so beweist das natürlich nicht, dass sie auch bei Proklos gefehlt haben. Die Glosse *ἐγκώμιον* (Et. M. 311, 26) lautet so: *παρὰ τὸ ἐν κώμαις ᾄδεσθαι. κώμας γὰρ ἔλεγον οἱ παλαιοὶ τοὺς στενωποὺς καὶ τὰ ἄμφοδα. ἤρχοντο γὰρ τῇι νυκτὶ οἵτινες παρά τινος μεγιστᾶνος ἐβλάβησαν, καὶ εἰς τὰ ἄμφοδα ἱστάμενοι ἐκακολόγουν καὶ ὕβριζον τὸν ἀδικοῦντα.* [*τὴν γὰρ νύκτα ἤρχοντό τινες καὶ ἔλεγον ὅστις ἐποίει κακὰ πράγματα καὶ ἐκακολόγουν αὐτούς*]. Die doppelte Fassung liegt auf der Hand, und die Gräcität des ganzen ist der Art, dass man sie keinem alten Grammatiker zutrauen darf, aber der sachliche Bestand der Erklärung ist gut und alt; sie liegt im wesentlichen dem zu Grunde was Pollux IX 36 mit halbem Verständniss ausgeschrieben hat. Er redet von den *ἀγυιαί*: *ταῦτα δὲ καὶ ἄμφοδα ἐστιν εὑρεῖν κεκλημένα* (folgen Zeugnisse) — *καλοῖτο δ' ἂν καὶ κῶμαι ταῦτα — δοκεῖ δέ μοι καὶ ὁ κῶμος* (vgl. IX 11) *ἀπὸ ταύτης ὠνομάσθαι τῆς κώμης καὶ τὸ ἐγκώμιον ἐπὶ ταῖς νίκαις ἐπαιδόμενον*. Im Et. M. weist die doppelte Etymologie von *κώμη* und *κῶμα* (*τῆι νυκτί*) auf denselben Gewährsmann hin, der *προσόδιον* von *προσωιδή* zugleich und von *πρόσοδος* ableitete, die Erzählung selbst ist identisch mit der vom Ursprung der *κωμωιδία*. Aber die Glosse ist lückenhaft, sie enthält nur den Anfang der Erklärung. *ἐγκώμιον* ist ein Loblied, und hier wird es als *κακολογία* erklärt. Es ist eine oft wiederkehrende Scheidung, dass *ὕμνος* einen Gesang den Göttern zu Ehren, *ἐγκώμιον* aber ein Loblied für Menschen bedeute. Dazu sagt Eustathios (Dion. Perieg. p. 316. 22 Bernh.): *ἔστι γὰρ ὅτε ὁ ὕμνος καὶ ἄλλως λέγεται καὶ οὐ μόνον ἐπὶ θείου ἐπαίνου. Πίνδαρος γοῦν τοὺς ἑαυτοῦ ἐπινικίους ὕμνους καλεῖ. καὶ Αἰσχύλος δὲ ἐξ ἀντιφράσεως τὸ κακολογεῖν ὑμνεῖν ἔφη* κτλ. Ein ähnliches κατ' *ἀντίφρασιν* scheint man bei *ἐγκώμιον* angenommen zu haben, vgl. Hermog. Prog. I 35 W *κέκληται δὲ ἐγκώμιον, ὥς φασιν. ἐκ τοῦ τοὺς ποιητὰς τοὺς ὕμνους τῶν θεῶν ἐν ταῖς κώμαις τὸ παλαιὸν ᾄδειν· ἐκάλουν δὲ κώμας τοὺς στενωποὺς — μὴ ἀγνόει δὲ ὅτι καὶ τοὺς ψόγους τοῖς ἐγκωμίοις προσνέμουσιν, ἤτοι κατ' εὐφημισμὸν ὀνομάζοντες ἤ, ὅτι τοῖς αὐτοῖς τύποις ἀμφότερα προάγεται.* Durch ein κατ' *ἀντίφρασιν* hatte man dereinst auch das *σχολιόν* erklären wollen, ein Versuch, der schon bei Didymos widerlegt wurde: er wird ebenso das Unternehmen eines älteren Grammatikers, *ἐγκώμιον* und *κωμωιδία* auf eine gemeinsame Wurzel (als *κακολογία*) zurückzuführen, in angemessener Weise zurückgewiesen und die richtige Erklärung, die sich bei Theon Prog. I 227, 4 W findet, zu Ehren gebracht haben. Soweit konnte Didymos sich auf die Komödie einlassen, aber wir werden nicht glauben, dass er auch sonst an dem was etwa Proklos über die Komödie beigebracht hatte erheblich betheiligt war. Er kann wol in der *Λέξις* sowie in Commentaren öfters auf historische Fragen eingegangen sein, aber alles was wir haben geht auf eine historische Gesammtdarstellung, auf eine ganz bestimmte Auffassung vom Wesen und der Entwicklung der Komödie zurück: das kann Didymos gelegentlich benützt, widerlegt oder bestätigt haben, aber zusammengestellt hat er es nirgend.

Alle antiken Berichte über den Ursprung der Komödie tragen das gemeinsame Kennzeichen an sich, dass sie auf Aristoteles begründet sind und doch in den wichtigsten Punkten mit Aristoteles in Widerspruch stehen. Alle setzen, wie er, die Anfänge der Tragödie und Komödie in mehr oder weniger engen Zusammenhang, lassen sie, wie er, aus Improvisationen sich allmälig zu einer Kunstform entwickeln, nahmen, wie er, eine frühere Vollendung der Tragödie an, aber alle verwarfen die Ableitung von κῶμος (oder lassen sie höchstens secundär mitgelten) und billigen die von Aristoteles verworfene von κώμη und damit zugleich (indirect) den dorischen Ursprung beider Dramengattungen. Die Glosse des Et. M. (746, 13) betrachtete τρυγωιδία als den gemeinsamen Namen, der mit leichter Abänderung für die Tragödie bestehen blieb, während die Komödie ihren Namen erhielt von den Liedern, die bei den Festen des Dionysos und der Demeter auf den Dörfern üblich waren, d. h. bei der Wein- und der Felderute. Aehnlich lautet die Ueberlieferung bei Athenaeus II 40 ab (aus unbekannter Quelle): ἀπὸ μέθης καὶ ἡ τῆς κωμωιδίας καὶ ἡ τῆς τραγωιδίας εὔρεσις ἐν Ἰκαρίωι τῆς Ἀττικῆς κατ' αὐτὸν τὸν τῆς τρύγης καιρόν· ἀφ' οὗ δὴ καὶ τρυγωιδία τὸ πρῶτον ἐκλήθη ἡ κωμωιδία, nur dass hier die Ableitung von κώμη nur möglich, nicht sicher ist. Von ländlichen Erntefesten geht auch der wüste Tractat des Euanthius *de comoedia* (ed. Reifferscheid, Ind. l. Vratisl. 1874/75) aus: man tanzte *pro fructibus rota solventes* um den Altar, opferte dem Dionysos (*Liber pater*) einen Bock und sang ihm ein Lied; das wurde nach dem Opfer τραγωιδία genannt. Oder aber es hiess zuerst τρυγωιδία, weil man sich das Antlitz mit Hefe beschmierte, in Ermangelung der erst von Aischylos erfundenen Masken. Die Komödie dagegen hiess ἀπὸ τῶν κωμῶν καὶ τῆς ὠιδῆς, von dem Gesange nämlich, der *circum Atticae vicos villas pagos et compita* dem Ἀπόλλων Νόμιος oder Ἁγνιεύς zu Ehren gesungen wurde, *pastorum vicorumque praesidi deo*. Der Ἀπόλλων Νόμιος ist einfach der Gott der ländlichen Bevölkerung, der Ἁγνιεύς ist aus der Erklärung von ἀγνιά = κώμη (vgl. Poll. IX 37, oben S. 43 und Hesych. ἀγνιῆται· κωμῆται) frei improvisirt[1]). Daneben wird die Ableitung von κῶμος acceptirt, *quod appotis* (so Leo: *a poetis* P) *sollemni die vel amatorie lascivientibus non absurdum est*. Ebenso wird eine weitere Etymologie von τραγωιδία verwendet: *itaque ut rerum ita etiam temporum ordine tragoedia primo prolata esse cognoscitur, nam ut ab incultu ac feris moribus paulatim perventum est ad mansuetudinem urbesque sunt conditae et vita mitior atque otiosa processit, ita res tragicae longe ante comicas inventae*[2]). Der behaglichen Erholung der κωμάζοντες wird die

---

[1] Danach hat Tzetzes die Urkomödie ἀγυιᾶτις oder ἀγοραία genannt, im Gegensatz zur litterarischen (λογίμη), vgl. *Ma* p. 113 K.

[2] Alles was bei Euanthius folgt ist Excerpt aus Aristoteles Poetik (c. 4), zum Theil mit groben Missverständnissen versetzt. Dann (p. 4, 13 R) wird von der Komödie weiter gesagt, sie sei ebenso wie die Tragödie ursprünglich ein *simplex carmen* (vgl. p. 5, 22), *quod chorus circa aras fumantes nunc spatiatus nunc consistens nunc revolvens gyros cum tibicine concinebat*. Genannt sind στροφή, ἀντίστροφος, ἐπωιδός, vgl. Schol. Hephaest. p. 200, 17 Gaisf. Auf dieser dreifachen Bewegung scheint die sonderbare Dreitheilung aller lyrischen Poesie zu beruhen, die – ich Et. M. 690, 43 findet: προσόδια (Weg zum Altar), ὑπορχήματα (Tanz um den Altar), στάσιμα (Stillstand vor dem Altar, als Erholung vom Tanz).

DIE PROLEGOMENA ΠΕΡΙ ΚΩΜΩΙΔΙΑΣ 45

Tragödie als etwas roheres gegenübergestellt: zu Grunde liegt die Etymologie, die in den Dionysscholien p. 746, 24 steht: ἢ ὅτι τοῦ γ̄ τρεπομένου εἰς χ̄ νοεῖται τραγωιδία ἢ τραχεῖα ὠιδή· τραχύτερον γὰρ [καὶ φευκτέον καὶ δύσβατον] τὸ τῶν θρήνων εἶδος τοῦ γελωτοποιεῖν. Alle diese Phantasien nehmen auf den Character der Komödie als Spottgedicht gar keine Rücksicht. Nicht so diejenigen denen sie die Etymologie von κώμη entlehnten: die Dorer stützten, wie Aristoteles bezeugt, ihr erstes Recht auf die Schöpfung der Komödie durch den Hinweis darauf, ὡς κωμωιδοὺς οὐκ ἀπὸ τοῦ κωμάζειν λεχθέντας ἀλλὰ τῆι κατὰ κώμας πλάνηι ἀτιμαζομένους ἐκ τοῦ ἄστεως (Poet. c. 3). Sie wussten also von Kränkungen zu erzählen und von Rügeliedern, die die Gekränkten gegen ihre Bedrücker sangen. Das ist genau was dem grossen Dionysscholion zu Grunde liegt und was in einzelnen Andeutungen auch bei den späteren nachklingt (z. B. bei Donat p. 8, 19 Reiff.), nur die Hauptsache scheint ganz unterdrückt, das dorische Local: die Vorgänge spielen überall in Attika. Das ist nicht ursprünglich und erst durch bequeme Lässigkeit hineingetragen, aber Spuren der richtigen Auffassung finden sich noch. Als Ergänzung des Bekkerschen Scholion muss uns das leider allzu kurze Cramersche dienen (p. 316): καὶ εὑρέθη ἡ μὲν τραγωιδία ὑπὸ Θέσπιδός τινος Ἀθηναίου, ἡ δὲ κωμωιδία ὑπὸ Ἐπιχάρμου ἐν Σικελίαι, καὶ ὁ ἴαμβος ὑπὸ Σουσαρίωνος. Hier hat also Epicharm seinen richtigen Platz: er ist der dorische Erfinder, dem Susarion wird nur ein formeller Fortschritt, der Gebrauch des Iambos zugeschrieben. Danach sollte man, da doch beide Dramengattungen desselben Ursprungs sind, auch für die Tragödie einen dorischen Erfinder erwarten. Den geben uns allerdings die erhaltenen Scholien nicht, wol aber einer der sie ausgeschrieben hat, Tzetzes Prol. Lyk. p. 255 M: τραγωιδοὶ δὲ ποιηταὶ Ἀρίων Θέσπις Φρύνιχος Αἰσχύλος Σοφοκλῆς Εὐριπίδης Ἴων Ἀχαιὸς καὶ ἕτεροι μυρίοι νέοι [1]), wobei ins Gewicht fällt, dass bei Proklos (Phot. p. 320 a 32) Arion nach Aristoteles' Vorgang als erster Dithyrambendichter verzeichnet war und die Tragödie, wiederum nach Aristoteles, aus dem Dithyrambos erwachsen ist. Arion und Thespis an der Spitze der Liste bedeuten keinen Widerspruch. Beides sind Erfinder: Arion hat für das μέλος gesorgt, Thespis für die iambische ῥῆσις. Die Parallele Arion der Dorer, Thespis der Athener und Epicharm der Dorer, Susarion der Athener (ὁ Ἰκαριεύς), leuchtet ein. Wer den Epicharm bei Seite liess, machte Susarion zum Megarer. Auch diese Version, d. h. der interpolirte Vers des Susarion, υἱὸς Φιλίννης, Μεγαρόθεν Τριποδίσκιος, ist nur in Dionysscholien überliefert.

So hat jemand gegen Aristoteles aber mit seinen Waffen die dorische Ehre gerettet: die tragischen Chöre und Arions Wirken in nordpeloponnesischen

---

1) Die sehr jugendliche Arbeit des Tzetzes zu Lykophron benutzt dieselben Quellen wie die Iamben. Au beiden Stellen kennt er nur einen Satyrdramendichter, Pratinas, wie er in den Iamben ausdrücklich gesteht, wenn er auch in den Prolegomena zu Lyk. etwas prahlerischer sagt: σατυρικὸς δὲ Πρατίνας καὶ ἕτεροι. Von Euripideischen Satyrdrameu hatte er damals offenbar noch keine Ahnung.

Städten, andrerseits der Syrakusaner Epicharm waren die scheinbar unanfechtbaren Anhaltspunkte [1]). Für die Weiterentwicklung der Komödie sind verschiedene Versionen erhalten. Der vielgenannte Dionysscholiast erzählt von Susarion, den Aristoteles nirgend erwähnt hat, er habe zuerst für die bäuerlichen Improvisationen die iambische Kunstform gefunden, dann habe sich die Komödie in dreifacher Stufe entwickelt. Die erste Form, das *φανερῶς καὶ ὀνομαστὶ κωμῳδεῖν*, verbaten sich alsbald die Behörden (*οἱ ἄρχοντες*) und gestatteten nur noch verhüllte Polemik (zweite Stufe); schliesslich wurde auch dies lästig, und der Spott der Komiker musste sich auf *ξένοι, πτωχοί* und *δοῦλοι* beschränken (dritte Stufe). Als Vertreter der *ἀρχαία* werden Kratinos, Eupolis und Aristophanes genannt, als Vertreter der *μέση* dagegen nur Platon (*πολλοὶ γεγόνασιν, ἐπίσημος δὲ Πλάτων τις*), ebenso von der *νέα* nur Menander, 'ὃς ἄστρον ἐστὶ τῆς νέας κωμῳδίας' [2]). Das ist eine äusserst dürftige und schiefe Darstellung, die durch ein paar gelehrte Brocken nicht viel stattlicher wird. Platon wird Dank seiner *Νὺξ μακρά* als Führer der mittleren Komödie bezeichnet; man hätte ja auch, wie andere es gethan, Aristophanes' *Κώκαλος* und *Αἰολοσίκων* nennen können, aber im System konnte das verwirrend wirken, da Aristophanes als Hauptvertreter der *ἀρχαία* genannt war. Ferner klingt sehr gelehrt Kratinos ὁ *καὶ πρατττόμενος* — aber es regt sich der Verdacht, dass diese Worte nicht sowol für ihn wie für Aristophanes gemeint sind; von Platon wird ausdrücklich gesagt, dass seine Stücke verloren seien, dass die des Kratinos länger gelebt hätten, ist weder nachweisbar noch recht glaublich. Der Verfasser des Scholion hält eigensinnig daran fest, dass die Komödie stets geblieben sei was sie anfänglich war, eine *κακολογία, λοιδορία*, ein *σκωπτικὸν ποίημα*, selbst Menanders Sklaven und Kuppler hält er für Angriffsobjecte.

---

1) Aristoteles wäre wol sehr glücklich gewesen, wenn er die älteste Form der Komödie so genau gekannt hätte wie der Grammatiker im Liber glossarum (Useuer Rhein. Mus. XXVIII 419): *sed prior ac vetus comoedia ridicularis extitit, postea civiles vel privatas adgressa materias — in scaenam proferebat, nec retabantur poetae pessimum quemque describers — auctor eius Susarion traditur. sed in fabulas primi eam contulerunt <non> magnas, ita ut non excederent in singulis versus trecenos* (so der Monacensis, *tricenos* der Beruensis und die SGaller Hdschr.). Aristoteles hat solche Stucklein von 300 Versen sicher nicht gekannt, denn er sagt (Poet. 4): ἤδη σχήματά τινα αὐτῆς ἐχούσης οἱ λεγόμενοι αὐτῆς ποιηταὶ μνημονεύονται. Also aus der Zeit der Incunabeln waren ihm weder Dichter noch Dichtungen bekannt: konnte aber ein anderer nach ihm mehr davon wissen? Es ist ja peinlich eine so kostbare Nachricht zu verwerfen, aber nicht minder peinlich ist es denken zu müssen, dass Aristoteles sich nicht ordentlich nach so kostbaren Texten umgesehen haben sollte, bevor er daran verzweifelte die dunklen Anfänge der Komödie aufzuhellen. Ich halte trotz Useners Ausführungen die 300 Verse für eine Phantasie, eine zahlenmässige Präcisirung dessen was der Scholiast zu Arist. Eq. 537 von Krates sagt: ποιητὴς ὀλιγόστιχα ποιήματα γράψας. Dies aber ist nichts als falsche Erklärung von Aristophanes Worten ἀπὸ σμικρᾶς δαπάνης, wie ein anderes Scholion zeigt: σμικρὰ ἐποίει. Vgl. Leo Rhein. Mus. XXXIII 140.

2) ὡς μεμαϑήκαμεν wird hinzugefügt: es war also ein Schulvers, etwa wie das Leben des Pindar zu Hexametern und Tetrametern verarbeitet in den Schulen gelernt wurde. An einen Vers aus Apollodors Chronik wird man nicht leicht denken.

DIE PROLEGOMENA ΠΕΡΙ ΚΩΜΩΙΔΙΑΣ   47

Eine weitere Entwicklungsgeschichte neben dieser erzählt Tzetzes (*Pb* und *Ma*): die Tendenz und die Pointe ist die gleiche, der Stoff hat nur eine andere Gestaltung erfahren. Die erste Periode der *φανερὰ σκώμματα* beginnt mit Susarion und endet mit Eupolis' Bestrafung durch Alkibiades, dessen Psephisma dem *ὀνομαστὶ κωμωιδεῖν* ein Ende macht. Die zweite Periode (genannt werden ausser Eupolis selbst Kratinos, Pherekrates. Platon und Aristophanes) beschränkt sich auf *συμβολικὰ σκώμματα*. Die dritte endlich (Menander und Philemon) verhöhnte nur noch Fremde. Sklaven und Bettelvolk, die Bürger wurden verschont. Die durchgängige Verwandtschaft dieser zweiten Version mit der ersten kommt vielfach, sachlich wie sprachlich, zum Ausdruck, besonders auch darin dass Susarion mit seinen unechten Versen ganz auf gleiche Weise eingeführt wird. Der Verfasser kennt gleichfalls die Komödie nur als Spottgedicht, obwol er Menander erwähnt. Dass Eratosthenes die Anecdote, wie Alkibiades sich für Eupolis' *Βάπται* gerächt, als Fabel erwiesen hatte (Cic. ad. Att. VI 1), ist ihm wol bekannt, er schwächt daher die Erzählung, auf die er als einzige historische Thatsache nicht verzichten mochte, dahin ab, dass der Dichter nicht völlig ersäuft sondern mit dem Leben davon gekommen sei. Das ist ein Compromiss schlimmster Art, der in milderer Form auch in einer dritten die gleiche Richtung verfolgenden Abhandlung begegnet, in dem merkwürdigen Tractat des Platonios.

Der Verfasser beginnt nicht mit einer hypothetischen Entstehungsgeschichte der Komödie, sondern schildert ihre ungebundene Freiheit unter dem Schutz der Demokratie des 5. Jahrhunderts, sowie ihre Einschränkung durch die Oligarchie. Die klare und einfache Sprache, der leichte und anspruchslose Satzbau, die angemessene Verwendung politischer Kunstausdrücke *ἰσηγορία, ἄδεια, ἐξουσίαν ἔχειν. ὁ δῆμος αὐτοκράτωρ καὶ κύριος τῶν πραγμάτων* u. a.), die Bemerkung endlich dass die Demokratie *φύσει ἀντίκειται τοῖς πλουσίοις*[1]), das alles zeugt von einer Quelle guter Zeit und von einem mit den geschichtlichen Verhältnissen wol vertrauten Verfasser; manches klingt geradezu an die Art der Aristotelischen *Πολιτεία Ἀθηναίων* an. Der Terrorismus der Oligarchen, der auch den Komikern die Zunge lähmte, wird durch die Eupolisanecdote belegt: aber Alkibiades wird nicht genannt (*ἀποπνιγέντα ὑπ' ἐκείνων εἰς οὓς καθῆκε τοὺς Βάπτας*), ein Zeichen dass Eratosthenes' Kritik vorausgegangen ist. Den Mangel an Chorliedern in der *μέση* mit dem Mangel an Choregen in Zusammenhang zu bringen (*ἐπέλιπον οἱ χορηγοί* ist gewiss ein gescheidter Gedanke: dass aber die Athener aus Furcht vor den Oligarchen die Lust verloren Choregen zu wählen[2]), diese

---

[1] Der ganze Satz ὁ γὰρ δῆμος τὸν φόβον ἐξήιρει τῶν κωμῳδούντων φιλοτίμως τῶν τοὺς τοιούτους (d. h. Strategen, Heliasten u. a.) βλασφημούντων ἀκούων· ἴσμεν γὰρ ὡς ἀντίκειται φύσει τοῖς πλουσίοις ἐξ ἀρχῆς ὁ δῆμος καὶ τοῖς δυσπραγίαις αὐτῶν ἥδεται erinnert lebhaft an die Worte des Oligarchen (Resp. Ath. II 18): κωμῳδεῖν δ' αὖ καὶ κακῶς λέγειν τὸν μὲν δῆμον οὐκ ἐῶσιν, ἵνα μὴ αὐτοὶ ἀκούωσι κακῶς, ἰδίαι δὲ <καὶ> κελεύουσιν εἴ τίς τινα βούλεται, εὖ εἰδότες ὅτι οὐχὶ τοῦ δήμου ἐστὶν οὐδὲ τοῦ πλήθους ὁ κωμῳδούμενος ὡς ἐπὶ τὸ πολύ, ἀλλ' ἢ πλούσιος ἢ γενναῖος ἢ δυνάμενος.

[2] Die Thatsache der fehlenden χορικά hat den alten Grammatikern viel Kopfzerbrechens gemacht. Am sichersten konnten die urtheilen welche von Geschichte wie Litteraturgeschichte

Bemerkung zeigt von ebenso geringem Verständniss wie die andere, die Ὀδυσσῆς des Kratinos hätten keinen Chor gehabt, oder besser gesagt, sie bezeugen, dass der Compilator richtige und werthvolle Angaben seiner Quelle missverstanden und verwirrt hat, vgl. Hermes XXX 74 f. Auf Missverständniss beruht es auch, wenn er sagt, die mittlere und neue Komödie hätte die persönlichen Masken abgeschafft und allgemein komisch groteske eingeführt aus Furcht vor den Makedonen, ἵνα μηδὲ ἐκ τύχης τινὸς ὁμοιότης προσώπου συμπέσῃ τινὶ Μακεδόνων ἄρχοντι. Die Quelle konnte gesagt haben, dass in der Zeit der Makedonischen Besatzung scharfe Bemerkungen, an denen doch auch die μέση keinen Mangel hatte, vermieden wurde, und dass in jener Zeit die bürgerliche Komödie sich herausbildete, deren Masken typisch lächerliche Figuren (Greise, Kuppler, Sklaven u. a.) darstellten: ὁρῶμεν γοῦν τὰς ὀφρῦς ἐν ταῖς Μενάνδρου κωμῳδίαις ὁποίας ἔχει — da redet einer der Menander von der Bühne her kennt, also gewiss kein Byzantiner. Eine bedenkliche Verallgemeinerung enthält die durch ihre Einfachheit und wissenschaftliche Form imponirende Aeusserung τὰ μὲν γὰρ ἔχοντα τὰς παραβάσεις κατ' ἐκεῖνον τὸν χρόνον ἐδιδάχθη καθ' ὃν ὁ δῆμος ἐκράτει· τὰ δὲ οὐκ ἔχοντα τῆς ἐξουσίας λοιπὸν ἀπὸ τοῦ δήμου μεθισταμένης καὶ τῆς ὀλιγαρχίας κρατούσης. Das musste in der Quelle nothwendig eine vorsichtigere Fassung gehabt haben.

Der unglückliche Apriorismus, dass die Komödie ein Spottgedicht geblieben sei bis ans Ende, befremdet in einer so vernünftigen und historisch begründeten Darstellung: man wird nicht zweifeln, dass diese Anschauung, die den unwissenden Theoretiker verräth, erst nachträglich dem gesunden Stamm aufgepropft ist, oder richtiger gesagt, dass das was ein älterer Gewährsmann über den Unterschied der alten und mittleren Komödie gesagt hatte, dem System zu Liebe mit einiger Gewaltsamkeit auf die Komödie des Menander übertragen wurde. War der Gewährsmann aber in der Lage, der alten aggressiv politischen oder der friedlicheren Typenkomödie des 4. Jahrhunderts die neue gegenüberzustellen als etwas verschiedenes, als etwas das den Namen Komödie im Sinne der λοιδορία gar nicht mehr verdiente, warum konnten die späteren Ausschreiber nicht diese Characteristik ebenfalls von ihm übernehmen? war etwa der Gewährsmann so alt, dass er von der neuen Gattung noch gar nichts zu sagen wusste oder doch, da die Entwicklung noch im Fluss war, noch nichts zu sagen wagte? Man empfindet ja leicht, dass die drei verschiedenen Fassungen bei Tzetzes und Platonios, die einmüthig die Komödie als Spottgedicht fassen, auch darin übereinkommen, dass sie von der neuen Komödie nichts sagen als dass Menander und Philemon ihre Träger waren, und dass sie πτωχοί und δοῦλοι und ξένοι auf die

---

gleich wenig wussten, wie Euanthius p. 5, 25 R: *nam postquam otioso tempore fastidiosior spectator effectus esset et tum cum ad cantores ab actoribus fabula transibat consurgere et abire coepisset, admonuit poetas ut primo quidem choros tollerent locum eis relinquentes, ut Menander fecit hac de causa, non, ut alii existimant, alia; postremo ne locum quidem reliquerunt, quod Latini fecerunt comici eis*. Die Vorlage war wol der Βίος Ἀριστοφάνους XI 72 Dubner.

Bühne brachte: das ist eine merkwürdig schiefe Summirung der Charactertypen, da man doch γέροντες, νεανίαι, παρθένοι, ἑταῖραι, δοῦλοι erwarten sollte, es sind eben nur constructiv gewonnene Gegensätze zu den πολῖται und den πλούσιοι, die als Ziel des Spottes der ἀρχαία galten[1]), ein kärglich improvisirtes Supplement zu dem was von der älteren Komödie gesagt war. Ja, bei Platonios ist von der νέα eigentlich überhaupt keine Rede: er weiss wol von ihrer Existenz, da er von der μέση spricht, aber er hebt kein einziges Moment hervor das die νέα von der μέση scheiden könnte; er spricht von den unpersönlichen Masken der μέση und νέα, und nur um ein Beispiel anzuführen, erwähnt er die verzerrten Masken des Menander. Also alle diese Darstellungen, deren gemeinsame Grundlage wol klar geworden ist, kennen eigentlich nur die ἀρχαία und die μέση, die sie, wenn sie nicht die νέα hätten anflicken wollen, eigentlich die νέα oder die νεωτέρα nennen mussten. Ich weiss den peripatetischen Gewährsmann nicht mit Namen zu nennen: man denkt an Theophrast, dessen Definition von Tragödie und Komödie bei Diomedes an hervorragender Stelle erscheint (p. 487. 88), auch Eratosthenes ist vielleicht nicht ausgeschlossen, vielleicht auch Chamaileon nicht[2]); von Eumelos dem Peripatetiker, dessen 3. Buch Περὶ τῆς ἀρχαίας κωμωιδίας die Scholien zu Aischines Tim. 39 citiren, weiss ich nichts, des Akademikers Krates Schrift über die Komödie hat, wie es scheint, keine Spuren zurückgelassen. Das Rathen hilft nichts. Wichtig ist ja auch nur, wenn meine Bemerkungen zutreffen, das Alter der Quelle.

Die ärgerlich verkehrte Auffassung der νέα in den bisher besprochenen Tractaten hat auf eine Quelle geführt, die ihres Alters wegen an der Verkehrtheit unschuldig war. Wir haben keine griechisch geschriebene Darstellung, die die Menandreische Komödie würdigen konnte und richtig gewürdigt hat. Dafür treten die Lateiner ein. Nur die Sprache scheidet diese von Tzetzes und Platonios; dass sie ganz ähnliche griechische Quellen beuützt haben, liegt auf der Hand. Diomedes giebt schon da, wo er Komödie und Tragödie vergleicht als generellen Unterschied an, dass die eine *luctus exilia caedes*, die andere *amores, virginum raptus* enthalte (p. 483, 16); später scheidet er richtiger die *iocularia* der ältesten Periode (Susarion Myllos Magnes), die bitteren Angriffe der zweiten (Aristophanes, Eupolis, Kratinos) und endlich die Komödie des Menander, Diphilos und Philemon, *qui omnem acerbitatem mitigaverunt atque argumenta multiplicia*

---

1) Es scheint fast, als ob Platons Forderung zu der Auffassung mitgewirkt hat; er verlangt Leg. XI 935 a ποιητῆι κωμωιδίας ἤ τινος ἰάμβων ἢ μουσῶν μελωιδίας μὴ ἐξέστω μήτε λόγωι μήτε εἰκόνι μήτε θυμῶι μήτε ἄνευ θυμοῦ μηδαμῶς μηδένα τῶν πολιτῶν κωμωιδεῖν.

2) Chamaileon von Herakleia ist offenbar identisch mit einem der Gesandten, die seine Vaterstadt im J. 281 an Seleukos schickte (Memnon bei Phot. bibl. 226 a 16). Die Herakleoten waren widerspänstig und auf die heftigen Drohungen des Königs wagte Chamaileon zu antworten Ἡρακλῆς κάρρων, Σίλευκε. Der König verstand den Dialect nicht, und Chamaileon würde schwerlich dorisch geredet haben, wenn die Worte nicht ein Citat gewesen wären. Sophron (bei Apollon. de pron. p. 95 c) sagte Ἡρακλῆς τεοὺς κάρρων ἦς. Auf ein solches Citat konnte aber nur ein gelehrter Mann verfallen. Damit ist Chamaileons Zeit bestimmt.

Graecis erroribus (?) *secuti sunt*. Der Artikel des Liber Glossarum (Usener Rhein.
Mus. XXVIII 418) lautet ähnlich: *postea autem omissa male dicendi libertate privatorum hominum ritum cum hilaritate imitabuntur, admonentes quid adpetendum quidve carendum esset*. Wichtiger aber ist was Euanthius von der Eigenart der
νέα sagt (p. 5, 13): *quae argumento communi magis et generaliter ad omnes homines
qui mediocribus fortunis agunt pertineret et minus amaritudinis spectatoribus et eadem
opera multum delectationis afferret, concinna argumento, consuetudini congrua, utilis
sententiis, grata salibus, apta metro*. Das ist nicht nur die Characteristik der νέα,
sondern zugleich auch der μέση, die mithin zusammengefasst werden wie im
Anonymus V. Die Bitterkeit des Spottes ist nur gemildert, nicht aufgehoben,
der Stoff ist dem allgemeinen Menschenleben entnommen, die Handlung ist geschlossen und einheitlich, die Sprache ist die des Lebens (*consuetudo* = λέξις
συνήθης) das Metrum ist der Iambos, der täglichen Rede also das verwandteste,
der Witz (τὸ χαρίεν) geht zusammen mit sittlicher Belehrung (τὸ ὠφέλιμον).
Das sind die gleichen Gesichtspuncte — ὕλη μέτρον διάλεκτος διασκευή — nach
denen der Anon. V den Vergleich zwischen der παλαιά und νέα anstellt. Man
muss es Euanthius lassen, dass er die gleiche Quelle besser und verständiger
ausgenützt hat als der Anonymus. Des letzteren Quelle waren, wie zu zeigen
versucht wurde, Dionysscholien, Euanthius führt auf ältere Zeit; dass die Vorlage eine pergamenische Schrift über die Komödie gewesen sei, möchte ich nicht
mehr mit gleicher Bestimmtheit wie früher (Hermes XXIV 57) behaupten.
Die Characteristik bei Euanthius setzt, wie gesagt, eine zweigetheilte Komödie
voraus. Er unterscheidet freilich drei Theile, aber das ist nur der Schein. Zuerst nennt er die *quae — vixdum incipiens* ἀρχαία *comoedia et ex'* ὀνόματος *dicta
est — etenim per priscos poetas non ut nunc ficta penitus argumenta sed res gestae
a civibus palam cum eorum saepe qui gesserant nomine decantabantur: idque ipsum
suo tempore moribus multum profuit civitatis, cum unusquisque caveret culpam, ne
spectaculo ceteris extitisset et . domestico probro. sed cum poetae licentius abuti
stilo et passim laedere ex libidine coepissent plures bonos, ne quisquam in alterum
carmen infame componeret lata lege siluere (statuere?), et hinc deinde aliud genus fabulae id est* s a t i r a *sumpsit exordium, quae a satyris quos in iocis semper* [ac]
petulantes deos scimus esse vocitata est. Vergleicht man dies mit dem was über
die νέα gesagt war, so wird man finden, dass die Characteristik der ἀρχαία auf
einer ganz anderen Grundlage steht. Nicht nach Stoff, Composition, Sprache
und Metrum, also nicht mit Rücksicht auf die anders geartete νέα wird die ἀρχαία geschildert, sondern an und für sich als Spottgedicht, das an ungebundner
Freiheit mehr und mehr zunimmt, bis das Gesetz (*lex*) περὶ τοῦ μὴ ὀνομαστὶ κωμῳδεῖν ihr den Garaus macht. Das ist aber die Characteristik, die nicht der
V. sondern der IV. Anonymus giebt, mit dem der lateinische Text wörtliche Uebereinstimmungen genug aufweist. Die Quelle des Euanthius hatte demnach die
beiden Anonymi nebeneinander vor sich, wahrscheinlich in derselben Reihenfolge,
wie sie noch jetzt in den Aristophaneshandschriften und bei Tzetzes (aus den
Dionysscholien hintereinander stehen. Also nicht erst in der Quelle der Dionys-

scholien, wenn das Proklos' Chrestomathie war, sondern viel früher schon waren die beiden Tractate zusammengerückt. Den zweiten leitete Tzetzes seiner Quelle folgend, wie wir sahen, mit den Worten καθ' ἑτέραν διαίρεσιν ein: das ging auf eine Zweitheilung gegenüber der voranstehenden Dreitheilung der Komödie. Nun vertritt zwar der IV. Anonymus eine dreigetheilte Komödie, aber wie sich gezeigt hat, die dritte Periode gehörte nicht zum ursprünglichen Bestand der Darstellung, die vielmehr nur eine Periode des φανερῶς κωμωιδεῖν und eine zweite des αἰνιγματωδῶς kannte. Es folgt dass der IV. Anonymus die üble Erweiterung schon beträchtliche Zeit vor Euanthius erlitten haben muss, da sich ihm sonst nicht die Zweitheilung des V. Anonymus hätte anschliessen können. Genauer lässt sich die Zeit nicht bestimmen. Die Worte des Euanthius *per priscos poetas non ut nunc ficta penitus argumenta sed res gestae a civibus decantabantur* weisen zwar auf einen Mann, z·· dessen Zeit die zweite Komödie noch am Leben war, ergeben aber, da diese Komödie sehr langlebig gewesen ist, keine nähere Zeitbegrenzung für ihn: er kann ganz wol ein Zeitgenosse des Menander oder seiner ersten Nachfolger gewesen sein.

Die erste Periode der Komödie, die des φανερῶς κωμωιδεῖν, nannte Euanthius die κωμωιδία ἐπ' ὀνόματος, eine Bezeichnung die sonst nirgend begegnet. Ihr gegenüber steht ein *iocus de vitiis civium sine ullo proprii nominis titulo*, also die Komödie der versteckten Anspielung (συμβολικῶς. κατ' ἔμφασιν, αἰνιγματωδῶς), und die nennt er *satira*, leitet den Namen von den Satyrn ab und lässt ihren ersten Vertreter Lucilius sein. Schlimmer kann sich der verständnisslose Compilator nicht verrathen. Dass die Ableitung der *satira* von den Satyrn und ebenso die geistige Verbindung des Lucilius mit der alten Komödie keinem anderen als Varro zur Last fällt, hat Leo gezeigt (Hermes XXIV 67 ff.), aber je deutlicher dieser Anachronismus bei Euanthius aus dem Zusammenhang herausfällt, desto sicherer ist, dass an diesem Zusammenhang Varro unschuldig war. Dass bei Isidor Orig. VIII 7 der Irrthum eine noch bösartigere Gestalt angenommen hat, ist natürlich ganz gleichgiltig. Aber immerhin muss doch eine zum Irren veranlassende Gelegenheit gedacht werden: daraus dass Varro die Satire des Lucilius aus der alten Komödie ableitete, wird nicht erklärt, dass die Satire für die zweite Periode der griechischen Komödie ausgegeben wird. Man hat zu bedenken, dass die Quelle des Euanthius ,ebenso wie die Glosse des Et. M. τραγωιδία) die älteste Komödie nicht nur nicht von der Tragödie zu scheiden versuchte sondern geradezu unter dem gemeinsamen Namen τρυγωιδία mit ihr identificirte, dass ferner auch die τραγωιδία als Satyrngesang gedeutet wurde (Et. M. a. O.), also Satyrdrama in engste Beziehung zur Tragödie gesetzt werden musste. Nun wird das Satyrdrama in griechischen Quellen seinem Character nach zumeist erklärt als παίζουσα τραγωιδία (Demetr. de eloc. 169), als Gemisch von Scherz und Ernst, von Tragik und Komik (Horaz AP. 226 *vertere seria ludo*, vgl. Diomedes p. 491. 3). Das drückt Tzetzes auf verschiedene Weise aus: bald sagt er (*Ib* 26), die Eigenart des Satyrdramas bestehe in dem καταντᾶν ἀπὸ πένθους εἰς χαράν, bald (π. διαφ. ποι. 60) nennt er es ein Mittelding zwischen Tragödie und Komödie (τῶνδε τὴν μεσαιτάτην). Sollte nicht dieser letzte Ansdruck oder ein dem ähnlicher jemanden verführt haben, das Satyrdrama (später die *satura*) für ein Mittelding zwischen der alten τρυγωιδία und der neuen κωμωιδία zu halten? Wir haben einen dem Aristoteles zeitlich nahestehenden Mann ermittelt, der über Komödie und Tragödie geschrieben und beide auf dorischen Ursprung zurückgeführt hatte. Die Komödie hatte er seiner Zeit gemäss in zwei Perioden zerlegt, was er von der Entwicklung der Tragödie gesagt haben mag, lässt sich nicht errathen. Nirgend finden wir eine Spur von historischer Behandlung dieser Schwesterdichtung. Um so eifriger aber ist das ausgeschrieben, was jener Mann oder seine Nachfolger über Aehulichkeit und Unähnlichkeit von Tragödie und Komödie gesagt hatten: überall treten sie uns als nach verschiedener Richtung hin entwickelte Formen eines und desselben Grundgedankens entgegen. Von diesem Vergleich konnte die dritte Gattung, das Satyrdrama, nicht ausgeschlossen werden. Nach Aristoteles (Poet. c. 4) ist es die eigentliche Vorstufe der Tragödie: ἔτι δὲ τὸ μέγεθος ἐκ μικρῶν μύθων καὶ λέξεως γελοίας διὰ τὸ ἐκ σατυρικοῦ μεταβαλεῖν ὀψὲ ἀπεσεμνύνθη. Daraus ergab sich die Mischung von Ernst und Scherz ganz von selbst. Dieser eine Gedanke wird in mannigfacher Gestalt immer wiederholt, am besten bei Diomedes p. 491, 3 *satyrica fabula, in qua item tragici poetae non heroas aut reges sed satyros induxerunt ludendi causa iocandique, simul ut spectator inter res tragicas seriasque satyrorum iocis et lusibus delectaretur, ut Horatius sensit* (folgt Citat von AP 220 ff.)[1]). Nur bei Tzetzes finden wir einiges mehr. Er hatte sich durch die Scholien des Eukleides verleiten lassen, alle Tragödien mit heiterem Ausgang für Satyrdramen zu halten und danach das Wesen des letzteren zu bestimmen als ein καταντᾶν ἐκ πένθους εἰς χαράν. Das widerruft er in *Ma* p. 116 K und in einem Scholion zu den Iamben π. διαφ. ποι. 93 folgendermassen: ἐντυχὼν δὲ σατυρικοῖς δράμασιν Εὐριπίδου (πολλὰ δράματα *Ma*) αὐτὸς μόνος ἐπέγνων ἐκ τούτων σατυρικῆς ποιήσεως καὶ κωμωιδίας διαφοράν. ἡ μὲν οὖν κωμωιδία δριμέως τινῶν καθαπτομένη διαβολαῖς ἐπὶ λοιδορίαις κινεῖ γέλωτα· ἡ δὲ σατυρικὴ ποίησις ἄκρατον καὶ ἀμιγῆ λοιδορίας ἔχει τὸν γέλωτα πάνυ ἡδύτατον οἷον τὸν ἐν θυμέλαις. Tzetzes hat besten Falls ein einziges Satyrdrama, den Kyklops lesen können, er schwindelt also. Die höchst unvollkommene Characteristik, die er als Frucht seiner Lectüre ausgiebt, gehört nicht ihm: sie kehrt wieder *Ib* 26 und *Mb* p. 119, und beidemal folgt als Beleg, mit οἷον eingeleitet, die Hypothesis des Euripideischen Syleus. Den hat er sicher nicht gelesen, und es ist klar dass die ganze Unterscheidung der drei Gattungen (denn in *Ib* und *Mb* tritt die Tragödie hinzu) aus einer und derselben Vorlage stammt, d. h. direct oder indirect aus Proklos. Ebenso wie Proklos den Inhalt der kyklischen Epiker nacherzählt hat, so mochte er auch die Inhaltsangabe einiger

---

1) Den Werth der Angabe Diom. p. 490,18 *in satyrica fere satyrorum personae inducuntur aut si quae sunt ridiculae similes satyris Autolycus Busiris* will ich hier nicht prüfen. Vgl. Hermes XXX 72.

DIE PROLEGOMENA ΠΕΡΙ ΚΩΜΩΙΔΙΑΣ 53

Dramen seiner Chrestomathie eingefügt haben. Die Verwechslung von Satyrdrama und Tragödie mit glücklichem Ausgang hat sich Tzetzes ausser in den ganz frühen Prolegomena zu Lykophron noch in den Iamben π. διαφ. ποι. 113 zu Schulden kommen lassen, aber schon im Pariser Tractat (*Pb*) ist der Irrthum beseitigt. Das andere Versehen betreffs Zenodot und Aristarch wirkt noch in *Pb* nach und wird erst in *M* berichtigt. Die Quelle der Irrthümer waren Dionysscholien, die des Eukleides und des Heliodor, die Quelle seiner Bekehrung verschweigt oder verhüllt Tzetzes. Vielleicht war Proklos sein Retter gewesen, dessen Buch ihm etwa später in die Hände gefallen war, das Original oder besser die Epitome, die Photios las. Proklos Quelle lässt sich nicht errathen: von Chamaileons Schrift *Περὶ σατύρων*, die ja ganz wol ein Seitenstück zur Schrift *Περὶ κωμωιδίας* gewesen sein kann, scheint nichts weiter erhalten als das Citat bei Suidas u. d. W. *ἀπώλεσας*, und das lehrt nichts.

Um so erfreulicher ist es, dass ein durchgeführter Vergleich von Tragödie und Komödie recht reichliche Spuren zurückgelassen hat. Sie finden sich einerseits verstreuter bei Tzetzes in den Theilen seiner Prooemien, wo er sich auf Eukleides und Genossen beruft, und in den Dionysscholien — wir werden diese beiden Wege nun wol als einen einzigen gelten lassen — ferner in den lateinischen Tractaten *de poematibus*, andrerseits dichter und geschlossener in dem schon mehrfach erwähnten Coislinianschen Tractat, den uns eine Handschrift des X. Jahrhunderts erhalten hat (Cramer An. Par. I 403, besserer Text bei Bernays Zwei Abhandl. S. 135). Das characteristische Kennzeichen dieser gemeinsamen Quelle ist, dass sie auf Aristoteles Poetik fussend die Lehre des Meisters bald zu erweitern, bald zu variiren oder zu corrigiren bemüht ist. Ich lasse die ersten Paragraphen des Coislin. Tractats zunächst bei Seite und beginne mit dem dritten.

Coislin. § 3

κωμωιδία ἐστὶ μίμησις πράξεως γελοίου
καὶ ἀμοίρου μεγέθους τελείου, χωρὶς ἑκάστου τῶν μορίων ἐν τοῖς εἴδεσι δρῶντος
καὶ δι' ἀπαγγελίας, δι' ἡδονῆς καὶ γέλωτος περαίνουσα τὴν τῶν τοιούτων παθημάτων κάθαρσιν. ἔχει δὲ μητέρα τὸν γέλωτα κτλ.

Tzetzes *Pa* 12

ἐστὶ δὲ κωμωιδία μίμησις πράξεως ....
καθαρτήριος παθημάτων, συστατικὴ τοῦ
βίου, διὰ γέλωτος καὶ ἡδονῆς τυποιμένη.
διαφέρει δὲ τραγωιδία κωμωιδίας ὅτι ἡ
μὲν τραγωιδία ἱστορίαν ἔχει καὶ ἀπαγγελίαν πράξεων γενομένων, κἂν ὡς ἤδη
γινομένας σχηματίζηι αὐτάς, ἡ δὲ κωμωιδία πλάσματα περιέχει βιωτικῶν πραγμάτων· καὶ ὅτι τῆς μὲν τραγωιδίας σκοπὸς
τὸ εἰς θρῆνον κινῆσαι τοὺς ἀκροατάς, τῆς
δὲ κωμωιδίας εἰς γέλωτα.

Mit Tzetzes ist zunächst das Dionysscholion bei Göttling Theodos. p. 58, 31 zu vergleichen, das dieselbe Lücke zu Anfang in seiner Vorlage fand und sie zu verdecken bemüht war: ἐστὶ δὲ κωμωιδία μίμησις πράξεως καθαρτικῶν παθημάτων καὶ τοῦ βίου συστατική, τυπουμένη δι' ἡδονῆς καὶ γέλωτος, οἵα ἡ τοῦ Ἀριστοφάνους ἢ τοῦ Μενάνδρου, καὶ ἡ μὲν κωμωιδία τὸν βίον συνίστησιν, ἡ δὲ τραγωιδία διαλύει. Ferner das Bekkersche Scholion p. 747, 20 διαφέρει δὲ κωμωιδίας, ὅτι ἡ τραγωιδία ἱστορίαν ἔχει καὶ ἀπαγγελίαν πράξεων γενομένων, ἡ δὲ κωμωιδία πλάσματα περιέχει βιωτικῶν πραγμάτων. Dieser Vergleich soll nicht nur bestätigen dass, was wir schon wissen, Tzetzes bessere Dionysscholien benützt hat sondern vor allem zeigen, dass die Quelle, aus der der Coislin. Tractat sowie die Dionysscholien geschöpft haben, sich nicht mit der Behandlung der Komödie begnügt sondern Komödie und Tragödie mit einander verglichen hatte. Diese wesentliche Eigenthümlichkeit der Quelle werden wir festhalten müssen. An die groteske Parodie auf die Aristotelische Tragödiendefinition[1]) schlossen sich Erörterungen über den stofflichen Unterschied von Komödie und Tragödie — mit Wendungen die wir bei Asklepiades und dann bei Proklos (in den Cramerschen Dionysscholien) wiederfanden — und über den verschiedenen Zweck der beiden Gattungen — mit einer Wendung, die ebenfalls wahrscheinlich Proklos vermittelt hatte (κινῆσαι τοὺς ἀκροατὰς εἰς θρῆνον, εἰς γέλωτα, vgl. S. 16). Die Zahl der Vergleichspuncte lässt sich vervollständigen aus Diomedes (p. 488), der einen besseren Wortlaut, und aus Euanthius (p. 7, 11), der einen vollständigeren Text hat. Den letzteren schreibe ich aus:

inter tragoediam autem et comoediam cum multa tum inprimis hoc distat,

(1) *quod in comoedia mediocres fortunae hominum, parvi impetus periculi (pericula* Cod.) *laetique sunt exitus actionum, at in tragoedia omnia contra, ingentes personae, magni timores, exitus funesti habentur.*

(2) *et illic prima turbulenta, tranquilla ultima, in tragoedia contrario ordine res aguntur.*

(3) *tum quod in tragoedia fugienda vita, in comoedia capessenda exprimitur.*

(4) *postremo quod omnis comoedia de fictis est argumentis, tragoedia saepe de historica fide petitur.*

---

1) Die Komödiendefinition war in den Dionysscholien wol nicht gekürzt sondern durch Schuld eines flüchtigen Abschreibers lückenhaft geworden; der Einschub von γελοίας hinter πράξεως genügt nicht. Aber auch der Text des Tractats ist nicht in Ordnung. Dass hinter μεγέθους τελείου die Worte ἡδυσμένωι λόγωι ausgefallen sind, ist eine einleuchtende Bemerkung Vahlens, unsicherer alsdann, ob nach dem Muster der Poetik χωρὶς ἑκάστου τῶν εἰδῶν ἐν τοῖς μορίοις zu verbessern ist. Sicher aber ist für δρῶντος καὶ δι' ἀπαγγελίας zu schreiben δρώντων καὶ <οὔ> δι' ἀπαγγελίας: die Komödie erzählt doch nicht. Mit Entschiedenheit dagegen sind die abenteuerlichen Gewaltthaten Bergks abzuweisen, der (Philol. XLI 551) zu Anfang herstellen wollte μίμησις πράξεως γελοίας καὶ ἀλοιδόρου μέγεθος ἔχουσα τέλειον. Aber das Wesen der alten Komödie ist λοιδορία und die alte Komödie hat keine abgeschlossene Handlung in demselben Sinne wie die Tragödie. Sie kann in einer beliebigen Anzahl von lustigen Scenen fortgesetzt werden, die mit zur Handlung gerechnet werden müssen, da sie aus der Haupthandlung hervorgehen und die Personen der Haupthandlung an ihnen betheiligt sind. Daraus wurde für die Komödie ein willkommenes Distinctiv gegenüber der Tragödie gewonnen. Die Thatsache ist von den alten Kritikern nicht unbeobachtet geblieben, wie die treffliche Glosse in Bekk. An. 253, 19 zeigt: *ἐπεισόδιον κυρίως μὲν τὸ ἐν κωμωιδίαι ἐπιφερόμενον τῶι δράματι γέλωτος χάριν ἔξω τῆς ὑποθέσεως* κτλ.

Der erste Satz giebt die Theophrastischen Definitionen wieder, die Diomedes griechisch bewahrt hat: *τραγωιδία έστιν ήρωικής τύχης περίστασις* und *κωμωιδία έστιν ιδιωτικών πραγμάτων ακίνδυνος περιοχή*. Nur der tragische resp. der heitere Ausgang ist hinzugefügt, oder besser aus Theophrasts Worten richtig herausgedeutet. Der zweite Satz liegt griechisch, soviel ich weiss, nicht vor. Der dritte übersetzt die 'tolle Antithese', wie Bernays meinte (S. 147), *ή μέν τραγωιδία λύει τον βίον, ή δέ κωμωιδία συνίστησιν*. Die *λύπη*, das Wesen der Tragödie (*proprium tragoediae* Diom. p. 488. 20), nicht als Unlustempfindung gefasst sondern als tragischer Stoff, ist ein *ταραχώδες*, ein *φθαρτικόν*: der *γέλως*, das Wesen der Komödie, erweckt dem Menschen Lebenslust und macht ihn zufrieden und glücklich. Endlich der vierte Satz bei Euanthius entspricht genau den oben citirten Dionysscholion, dass die Tragödie *ιστορίαν* enthalte und *απαγγελίαν πράξεων γενομένων*, die Komödie aber *πλάσματα βιωτικών πραγμάτων*. Wie der Vergleich Schritt für Schritt durchgeführt war, zeigt ein an sich sehr auffallender Ausdruck des Coislin. Tractats: *έχει δέ (ή κωμωιδία) μητέρα τον γέλωτα*. Der weibliche *γέλως* ist sprachlich nur zu rechtfertigen, wenn die Worte eng mit dem parallelen Satz, der nun im vorhergehenden Paragraphen (1) steht, verbunden gedacht werden: *έχει δέ (ή τραγωιδία) μητέρα την λύπην*. Wenn im ursprünglichen Text, wie ich nicht bezweifle, geschrieben stand *έχει δέ ή μέν τραγωιδία μητέρα την λύπην, ή δέ κωμωιδία τον γέλωτα*, so ist das ein völlig tadelfreies Zeugma. Die begrifflichen Anstösse, die man an dem Worte *μήτηρ* genommen hat, scheinen mir unberechtigt. Wenn die Komödie eine lächerliche Handlung erfinden muss, so ist eben das Lächerliche die Quelle der Erfindung, ihre Grundlage, sowie die Tragödie aufgebaut ist auf *ιστορίαι των ηρώων έχουσαι πάθη τινά, έσθ' ότε και θανάτους και θρήνους* (Schol. Dion. p. 746. 6 B). Der Ausdruck ist geziert, aber man weiss wie die griechischen Dichter und späteren Prosaiker die Worte *πατήρ* und *μήτηρ* vergewaltigt haben (Hectors *σάκος* heisst *μήτηρ τροπαίων* Eur. Tro. 1221). Useners Aenderung *μέτρον* für *μητέρα* schafft neue Schwierigkeit: man fragt vergeblich, wenn die Trauer der Massstab der Tragödie, das Lachen der der Komödie heisst, was denn an diesem Massstab gemessen werden soll. Bergks Vorschlag *μετρίαν την λύπην* und *μέτριον τον γέλωτα* missversteht die Absicht des Verfassers und bedarf einiger Ausreden, die Bergk selbst nicht für stichhaltig ausgeben konnte.

Die komische 'Katharsis' stand im Coislin. Tractat der tragischen gegenüber, von der nur wenige Worte (§ 2) übrig sind: *ή τραγωιδία ύφαιρεί τά φοβερά παθήματα, της ψυχης δι' οίκτου και δέους. και ότι συμμετρίαν θέλει έχειν του φόβου*. Die gewaltsame Kürzung und die dadurch entstandene Verwirrung des Tractats zeigt sich nirgend besser als hier. Der zweite Satz, schon durch die Form (*ότι*) als Epitomirung gekennzeichnet, wiederholt sich in vollständigerer Fassung, aber an unpassender Stelle § 6: *συμμετρία του φόβου θέλει είναι έν ταίς τραγωιδίαις και του γελοίου έν ταίς κωμωιδίαις*.

Eine weitere und erheblichere Lücke zeigt sich § 3. An die Behauptung, Lachen sei die Grundlage der Komödie, Trauer der der Tragödie, schliesst sich von selbst die Frage an: welches sind die Quellen des Traurigen und welches die des Lächerlichen. Der Tractat giebt nur auf die zweite Frage und zwar eine ausserordentlich ausführliche zweigetheilte Antwort: *γίνεται δὲ ὁ γέλως* 1. *ἀπὸ τῆς λέξεως* 2. *ἀπὸ τῶν πραγμάτων*. Das ganze Capitel hat dem vorgelegen, der die gemeinsame Quelle für Tzetzes (*Pa* 17) und für den VI. Anonymus war; er hat den ersten Theil sorgfältig und vollständig abgeschrieben und sogar die belegenden Beispiele bewahrt, die im Coislin. Tractat fehlen, beim zweiten Theil ist ihm die Geduld ausgegangen, so dass er von den neun Quellen des *γέλως ἐκ τῶν πραγμάτων* nur die zwei ersten beibehält mit der dreisten Einleitungsphrase: *ἐκ δὲ τῶν πραγμάτων κατὰ τρόπους δύο*[1).

Es folgen im Tractat zwei Sätze, die den Begriff und Umfang des Lächerlichen beschränken sollen: *διαφέρει ἡ κωμῳδία τῆς λοιδορίας, ἐπεὶ ἡ μὲν λοιδορία ἀπαρακαλύπτως τὰ προσόντα κακὰ διέξεισιν, ἡ δὲ δεῖται τῆς καλουμένης ἐμφάσεως. ὁ σκώπτων ἐλέγχειν θέλει ἁμαρτήματα τῆς ψυχῆς καὶ τοῦ σώματος*. Das ist alles sehr kurz gesagt, aber der Gedankengang lässt sich vervollständigen. Nicht jedes Lächerliche schickt sich für den Komiker, er soll nicht lästern und verläumden, sondern spotten, ohne zu verletzen. Da aber das Tadeln und Bessern seines Amtes ist, jeder offen und öffentlich getadelte aber sich verletzt fühlt, so verdient die versteckte Andeutung (*ἔμφασις*) den Vorzug vor der unverhüllten Schmähung, ja sie ist der Komödie allein würdig, da die Komödie eben keine *λοιδορία* sondern eine *παιδιά* sein soll. Das letztere ergänzt sich, wie Bernays ausgeführt hat, aus Aristoteles Eth. Nicom. IV p. 1128 a 20, von wo die ganze Scheidung herstammt: *ἡ τοῦ ἐλευθερίου παιδιὰ διαφέρει τῆς τοῦ ἀνδραποδώδους, καὶ αὐ τοῦ πεπαιδευμένου καὶ τοῦ ἀπαιδεύτου· ἴδοι δ' ἄν τις καὶ ἐκ τῶν κωμῳδιῶν τῶν παλαιῶν καὶ τῶν καινῶν· τοῖς μὲν γὰρ ἦν γελοῖον ἡ αἰσχρολογία, τοῖς δὲ μᾶλλον ἡ ὑπόνοια*. Darin liegt eine Verurtheilung der alten Komödie zu Gunsten der des 4. Jahrhunderts, und nichts anderes hatte der Verfasser des Tractats ursprünglich gemeint als was, zum Theil noch mit wörtlichem Anklang, bei Tzetzes zu lesen steht (*Ma* p. 113): *τῆς μὲν πρώτης* (κωμῳδίας) *ἦν γνώρισμα λοιδορία ἀπαρακάλυπτος καὶ συμφανής· τῆς μέσης δὲ τὸ συμβολικωτέρως λέγειν τὰ σκώμματα* (also *ἔμφασις, ὑπόνοια*). Der Komödie im allgemeinen konnte die *λοιδορία* von niemandem abgesprochen werden; bei Krates, Kratinos, Eupolis u. a. wird das *λοιδορεῖν* oft genug speciell hervorgehoben, der III. Anonymus

---

1) Viel reicheren Stoff über das Lächerliche hat Quintilian VI 3, 22 ff. Neben den von ihm selbst angegebenen Quellen, Domitius Marsus *De urbanitate* und Domitius Afer *Urbane dicta*, ist eine griechische Vorlage leicht erkennbar (§ 22), die von der gleichen Theilung *ἀπὸ λέξεως* und *ἀπὸ πραγμάτων* ausging. Aristoteles liegt § 87 zu Grunde: risus igitur oriuntur aut ex corpore eius in quem dicimus aut ex animo, qui factis ab eo dictisque colligitur, aut ex his quae sunt extra posita, vgl. Rhetor. I 11 u. E. *ἀνάγκη καὶ τὰ γελοῖα ἤδέα εἶναι, καὶ ἀνθρώπους καὶ λόγους καὶ ἔργα· διώρισται δὲ περὶ γελοίων χωρὶς ἐν τοῖς Περὶ ποιητικῆς*. Sollte Quintilians Quelle noch die vollständige Poetik gekannt haben? Auf eine eingehende Prüfung des Quintilianischen Capitels muss ich für jetzt verzichten.

rühmt es erst dem Pherekrates nach, dass er τοῦ λοιδορεῖν ἀπέστη. Bezeichnend aber für den Verfasser des Tractats ist, dass er auf die Menanderkomödie keine Rücksicht nimmt und es für den eingestandenermassen einzigen Zweck der Komödie hält τὰ προσόντα κακὰ διεξιέναι. Das verbindet ihn auf das deutlichste mit den früher besprochenen Darstellungen von der Geschichte der Komödie. Der zweite Satz dagegen 'der spottende will Fehler der Seele und des Körpers aufweisen' ist ganz unverständlich und scheint nur ein einzelnes Glied einer längeren Ausführung. Das σκώπτειν an sich ist weder recht noch unrecht, das εὖ oder ἐμμελῶς σκώπτειν ist witzig, das Gegentheil verletzend und darum unerlaubt.

Hiermit muss das Schlussstück des ganzen Tractats verbunden werden, eine kurze Uebersicht über die Perioden der Komödie:

τῆς κωμῳδίας

παλαιὰ ἡ πλεονάζουσα τῶι γελοίωι.	νέα ἡ τοῦτο μὲν προιεμένη, πρὸς δὲ τὸ σεμνὸν ῥέπουσα.	μέση ἡ ἀπ' ἀμφοῖν μεμιγμένη.

Diese Theilung stimmt nun offenbar gar nicht mit dem was der Verfasser vorher bemerkt hatte. Nach § 4 mussten wir annehmen, dass er nur eine zweitheilige Komödie kannte oder anerkannte: ihr gemeinsames Ziel war τὰ προσόντα κακὰ διεξιέναι, das erreichte die ältere Komödie vermittelst der ἀπαρακάλυπτος λοιδορία, die jüngere durch ἔμφασις. Jetzt finden wir eine ältere Art, die es nur aufs lächerliche abgesehen hat, dazu eine jüngere die sich dem σεμνόν zuneigte, endlich ein (begrifflich, nicht zeitlich zu verstehendes) Mittelding, halb γελοῖον, halb σεμνόν. Nun kann σεμνόν als Gegensatz zu γελοῖον nur als 'ernsthaft' gefasst werden: wie ist das aber möglich in einer Lehre. die als Grundlage und Quelle der Komödie insgemein das Lächerliche ansieht? Da giebt es nur einen doppelten Answeg. Entweder γελοῖον ist hier ein übel gewählter Ausdruck für αἰσχρολογία und λοιδορία, entstanden durch falsche Interpretation von σεμνόν, das nicht 'ernsthaft' sondern 'anständig' bedeuten sollte. Dann haben wir hier genau dieselbe Scheidung wie vorher und wie bei Aristoteles. Oder aber es wird hier auf etwas verwiesen, wovon vorher keine Spur übrig geblieben war, dass nämlich die ältesten Komödiendichter, um mit Diomedes (p. 488, 25) zu reden, *iocularia quaedam minus seite ac venuste pronuntiabant*, dass ihre kunstvolleren Nachfolger alsdann der ziellosen Posse eine practische, sittlichwirkende Bedeutung gaben (τὸ σεμνόν): erst von dieser zweiten Form aus hätte sich alsdann die Komödie als Spottgedicht in zweierlei Gestalt ausgebildet, zuerst als ἀπαρακάλυπτος λοιδορία, sodann als αἰνιγματώδης und ἐμφατικὴ σκῶψις. Ich glaube, dass dies in der That die Meinung des Verfassers war, um so mehr als sie sich genau mit dem Gedankengange des V. Anonymus deckt (= Tzetzes *Ia* 16): (unter Susarion) μόνος ἦν γέλως τὸ κατασκευαζόμενον· ἐπιγενόμενος δὲ ὁ Κρατῖνος κατέστησε μὲν πρῶτον τὰ ἐν τῆι κωμῳδία πρόσωπα μέχρι τριῶν, συστήσας τὴν ἀταξίαν, καὶ τῶι χαρίεντι τῆς κωμῳδίας τὸ ὠφέλιμον προσέθηκε, τοὺς κακῶς πράττοντας διαβάλλων καὶ ὥσπερ δημοσίαι μάστιγι τῆι κωμωιδίαι κολάζων. Das ὠφέλιμον ist dasselbe was der Tractat σεμνόν nennt. Kratinos aber gilt als der Hauptvertreter des ἐμφανῶς λοιδορεῖν, als Nacheifrer des Archilochos, wie Platonios sagt. Wenn der Anonymus alsdann fortfährt ἀλλ' ἔτι μὲν (μὴν?) καὶ οὗτος τῆς ἀρχαιότητος μετεῖχε καὶ ἠρέμα πως τῆς ἀταξίας· ὁ μέντοι γε Ἀριστοφάνης μεθοδεύσας τεχνικώτερον τὴν κωμωιδίαν τῶν μεθ' ἑαυτοῦ (der Text nach Tzetzes verbessert) ἀνέλαμψεν ἐν ἅπασιν ἐπίσημος ὀφθεὶς καὶ οὕτω πᾶσαν κωμωιδίαν ἐμελέτησε· καὶ γὰρ τὸ τούτου δρᾶμα ὁ Πλοῦτος νεωτερίζει κατὰ τὸ πλάσμα κτλ. — so wird hier Aristophanes als Führer der zweiten Periode characterisirt, als erster Vertreter der νεωτέρα, die die λοιδορία durch ἔμφασις mildert. Dass der Anonymus auf den Πλοῦτος exemplificirt, ist dadurch erklärlich, dass er seine Quelle auf eine Einleitung zur Interpretation dieses Stücks zugeschnitten hat (bei Tzetzes fehlt das); er hätte ebensowol oder besser den Κώκαλος und Αἰολοσίκων nennen können, wie es Platonios thut. Also hat der Coislin. Tractat wirklich zwei Hauptperioden der Komödie geschieden: 1) die Posse des Susarion, 2) die Komödie als staatliche Einrichtung, die Menschen zu höhnen und zu bessern. Diese, die litterarisch überlieferte Komödie, zerfällt in zwei Theile: a) die ἐπ' ὀνόματος κωμωιδία, wie Euanthius sie nannte, b) die λοιδορία κατ' ἔμφασιν. Das sind demnach drei Arten, die aber der Excerptor des Tractats nicht verstanden hat, wenn er als dritte Art eine μέση ἐξ ἀμφοῖν μεμιγμένη hinzufügt: die μέση ist ihm hier, wie es in aller triadischen Systematik zu gehen pflegt, eine bequeme Verlegenheitsphrase gewesen.

Der 7. Paragraph ist wiederum eine getreue Nachbildung des Aristoteles (Poet. c. 6), aber in dem Auszuge ist nur weniges von Belang stehen geblieben: κωμωιδίας ὕλη· μῦθος ἦθος διάνοια λέξις μέλος ὄψις. μῦθος κωμικός ἐστιν ὁ περὶ γελοίας πράξεις ἔχων τὴν σύστασιν. ἤθη κωμωιδίας τά τε βωμολόχα καὶ τὰ εἰρωνικὰ καὶ τὰ τῶν ἀλαζόνων. διανοίας μέρη δύο, γνώμη καὶ πίστις· πίστεις ε΄, ὅρκοι συνθῆκαι μαρτυρίαι βάσανοι νόμοι. κωμικὴ ἐστι λέξις κοινὴ καὶ δημώδης· δεῖ τὸν κωμωιδοποιὸν τὴν πάτριον αὐτοῦ γλῶσσαν τοῖς προσώποις περιτιθέναι, τὴν δὲ ἐπιχώριον αὐτῶι ἐκείνωι. μέλος τῆς μουσικῆς ἐστιν ἴδιον· ὅθεν ἀπ' ἐκείνης τὰς αὐτοτελεῖς ἀφορμὰς δεήσει λαμβάνειν. ἡ ὄψις μεγάλην χρείαν τοῖς δράμασι τὴν συμφωνίαν (τῆι ψυχαγωγίαι Bernays) παρέχει. ὁ μῦθος καὶ ἡ λέξις καὶ τὸ μέλος ἐν πάσαις κωμωιδίαις θεωροῦνται, διάνοια δὲ καὶ ἦθος καὶ ὄψις ἐν ὀλίγαις.

Es war nach der Ueberschrift κωμωιδίας ὕλη keine Veranlassung bei jedem einzelnen Theil anzugeben. dass er mit Rücksicht auf die Komödie gemeint sei, (μῦθος κωμικός, ἤθη κωμωιδίας, κωμικὴ λέξις), wenn nicht die einzelnen Sätze nur aus einem grösseren Zusammenhang herausgerissen wären, in welchem das dichterische Material der Tragödie und Komödie miteinander verglichen war. So lässt sich auch verstehen, dass der Komödie ein μῦθος zugeschrieben wird, wofür das richtige Wort πλάσμα gewesen wäre (s. o. S. 25). Das ursprüngliche lässt sich etwa so denken: ὁ μὲν τραγωιδίας μῦθος περὶ πράξεις σπουδαίας, τὸ δὲ κωμωιδίας πλάσμα περὶ γελοίας ἔχει τὴν σύστασιν, oder auch: ἡ μὲν τραγωιδία μῦθον ἔχει καὶ πράξεως σπουδαίου σύστασιν, ἡ δὲ κωμωιδία πλάσμα γελοίας πράξεως. Die Komödiencharactere (ihre ärmliche Begrenzung aus Arist. Eth. Nic. II 1108 a 21) können ihr tragisches Correlat in der Poetik c. 13 (p. 1453 a 8) oder auch in den Worten Plutarchs finden (de poet. aud. p. 26 a): ἤδη τραγωιδίας μὲν οὐ τελείων ἀνθρώπων οὐδὲ καθαρῶν οὐδ᾽ ἀνεπιλήπτων παντάπασιν, ἀλλὰ μεμιγμένων πάθεσι καὶ δόξαις ψευδέσι καὶ ἀγνοίαις. Plutarch spricht zwar von der Poesie im allgemeinen als einer μίμησις ἠθῶν καὶ βίων καὶ ἀνθρώπων, aber die Komödie hat er sicher nicht im Sinne. Die διάνοια, die in γνώμη und πίστις zerfällt (nach Aristot. Poet. 1450 b 10 διάνοια δὲ ἐν οἷς ἀποδεικνύουσί τι ὡς ἔστιν ἢ ὡς οὐκ ἔστιν ἢ καθόλου τι ἀποφαίνονται), liess sich schwerlich für die Komödie viel anders als für die Tragödie bestimmen (vgl. Poet. c. 19)[1], es ist also wol kein Zufall, dass hier der Zusatz (διάνοια) κωμική fehlt. Die fünf Arten der πίστεις, entlehnt aus Arist. Rhet. I p. 1375 a 24. sind (trotz Bernays S. 154) ein ganz ungehöriger Zusatz, wie Cramer gesehen hat. Es folgt die λέξις, die in der Komödie κοινὴ καὶ δημώδης, in der Tragödie also σεμνὴ καὶ μεγαλοπρεπής oder dgl. sein soll. Der Zusatz verliert durch die Verderbniss kaum an Interesse: die einheimischen Personen (τοῖς ⟨ἐπιχωρίοις⟩ προσώποις) soll der Komiker in seiner Sprache reden lassen, die Fremden in ihrem Dialect[2]). Die Vorschrift ist aus Aristophanes' Praxis in den Acharnern und in der Lysistrate abstrahirt, aber sie findet sich wol nur hier. Die Behandlung des μέλος lehnt der Grammatiker ab und weist sie dem Musiker zu, daher ist auch hier keine Spur, dass dem μέλος τραγωιδίας das μέλος κωμωιδίας entgegengestellt wird: er überging beides. Ganz allgemein gehalten ist auch was er von der ὄψις sagt (nach Aristot. Poet. p. 1450 b 16 ἡ δὲ ὄψις ψυχαγωγικὸν μέν, ἀτεχνότατον δὲ καὶ ἥκιστα οἰκεῖον τῆς ποιητικῆς): man merkt den erschlaffenden Eifer des Epitomators, da er hier doch wesentliche Unterschiede zwischen der tragischen und komischen Bühne in seiner Vorlage angegeben finden musste, also auch von der komischen wesentliches sagen konnte, nebst anderem auch was Vitruv ausführt (V 8, 1)[3].

Vergeblich sucht man nach einer einleuchtenden Erklärung für die letzte

---

1) Natürlich lassen sich Unterschiede und Gegensätze auch der διάνοια construiren, aber γνώμη und πίστις sind der Komödie so unentbehrlich wie der Tragödie. Aristoteles (Poet. c. 19) sagt ἔστι δὲ κατὰ τὴν διάνοιαν ταῦτα ὅσα ὑπὸ τοῦ λόγου δεῖ παρασκευασθῆναι. μέρη δὲ τούτων τό τε ἀποδεικνύναι καὶ τὸ λύειν καὶ τὸ πάθη παρασκευάζειν οἷον ἔλεον ἢ φόβον ἢ ὀργὴν καὶ ὅσα τοιαῦτα, καὶ ἔτι μέγεθος καὶ μικρότητα. Hier ist die Verbindung zwischen διάνοια und λέξις (als λόγος) gegeben, aber der Verfasser des comparativen Tractats hat nicht so tief gegriffen, dass er darauf eingehen konnte.

2) τὴν δὲ ἐπιχώριον (περιτιθέναι δεῖ) αὐτῶι τῶι ξένωι Bernays. Das ist besser, wie ich glaube, als Vahlens Vorschlag ⟨τῶι δὲ ξένωι ἀποδιδόναι⟩ τὴν ἐπιχώριον αὐτῶι ἐκείνωι, aber weder αὐτῶι hat rechte Beziehung, noch ist das nackte ἐπιχώριος ein Gegensatz zu πάτριος: vielleicht τὴν δὲ ἐπιχώριον ἑκάστου τῶι ξένωι.

3) Mit der merkwürdigen Beschreibung scenischer Einrichtungen bei Tzetzes (Pb 33, Mb p. 120) weiss ich nichts anzufangen. Alt ist sie nicht, aber alte Bestandtheile können eingemischt sein, sie scheint aus den Scholien des Eukleides zu stammen, da der Schluss ganz ähnlich ist dem was Tzetzes kurz zuvor (Pb 31) sicher jenen Scholien entnommen hat. Aber das fordert so wenig wie das was Muhl dazu bemerkt hat, Symbolae ad rem scaen. Acharn. et Avium. (Augsburg 1879) p. 7.

GEORG KAIBEL,

Behauptung dieses Capitels, dass μύθος, λέξις und μέλος in allen Komödien, dagegen διάνοια, ἦθος und ὄψις nur *ἐν ὀλίγαις* zu finden seien (θεωροῦνται). Auch Bernays hat sich mit einem allgemeinen Hinweis auf das 6. Capitel der Poetik begnügt: dass es ἀήθεις τραγωιδίαι gegeben hat und ebenso auch ἀήθεις κωμωιδίαι gegeben haben kann, macht den Gedanken um nichts klarer. Man könnte bedenken, ob hier eine Vermischung der Komödie mit dem Mimos vorliegt, der ja allenfalls ohne διάνοια und ὄψις, freilich nimmermehr ohne ἤθη auskommen kann, aber abgesehen von dem übertreibenden *ἐν ὀλίγαις* genügt die Erklärung auch sonst in keiner Weise. Nur soviel, scheint es, lässt sich erkennen, dass der Verfasser, nachdem er die allen Exemplaren der beiden Dramengattungen gemeinsamen Elemente aufgezählt hat, nun das hervorzuheben beginnt, was die einen haben und die anderen nicht haben, oder was bei den einen im Vordergrund steht, bei den anderen zurücktritt. Von da war der Uebergang zu einer Erweiterung dieses Gesichtspunktes gegeben. Welches sind die quantitativen Theile, so fragt es sich jetzt, die Komödie und Tragödie gemeinsam haben. und welches die Theile, die entweder der Komödie oder der Tragödie so eigren, dass sie von der anderen Gattung mit Nothwendigkeit ausgeschlossen sind. Dieser Theil des Tractats lässt sich mit Sicherheit vervollständigen.

Coislin. § 8.

μέρη τῆς κωμωιδίας τέσσαρα· πρόλογος χορικόν ἐπεισόδιον ἔξοδος. πρόλογός ἐστι μόριον κωμωιδίας τὸ μέχρι τῆς εἰσόδου τοῦ χοροῦ· χορικόν ἐστι τὸ ὑπὸ τοῦ χοροῦ μέλος ἀιδόμενον, ὅταν ἔχηι μέγεθος ἱκανόν. ἐπεισόδιόν ἐστι τὸ μεταξὺ δύο χορικῶν μελῶν. ἔξοδός ἐστι τὸ ἐπὶ τέλει λεγόμενον τοῦ χοροῦ.

Tzetzes *Pb* 29.

ἔτι ἰστέον ὅτι κατὰ Διονύσιον καὶ Κράτητα καὶ Εὐκλείδην μέρη κωμωιδίας εἰσὶ τέσσαρα· πρόλογος μέλος χοροῦ ἐπεισόδιον καὶ ἔξοδος. καὶ πρόλογος μέν ἐστι τὸ μέχρι τοῦ χοροῦ τῆς εἰσόδου. ἡ δὲ ἅμα τῆι εἰσόδωι τοῦ χοροῦ λεγομένη ῥῆσις μέλος καλεῖται χοροῦ. ἐπεισόδιον δέ ἐστι τὸ μεταξὺ μελῶν καὶ ῥήσεων δύο χορικῶν. ἔξοδος δέ ἐστιν ἡ πρὸς τῶι τέλει τοῦ χοροῦ ῥῆσις.

Tzetzes fährt unmittelbar darauf fort μέρη δὲ παραβάσεως ἑπτά, und da er es in *Ma* ebenso macht, so war das der Zusammenhang seiner Quelle. Mit der Parabase war, wie früher gezeigt wurde (S. 9 t., die Parodos und die epirrhematische Composition der Chorlieder verbunden, also alle diejenigen Theile, die die Komödie vor der Tragödie voraus hat. Eben dies hebt Tzetzes in den Iamben π. τραγ. 178 aus gleicher Quelle) mit Nachdruck hervor: er zählt die gemeinsamen Theile auf und sagt von der Komödie: καὶ τὴν παράβασιν ἐς πλέον τούτων φέρει· ἧς παραβάσεως ἑπτὰ τελοῦσι τὰ μέρη κτλ. Nicht anders Pollux IV 111: τῶν δὲ χορικῶν ἀισμάτων τῶν κωμικῶν ἕν τι καὶ ἡ παράβασις — τραγικὸν δὲ οὐκ ἔστιν. Also die Besonderheiten der Komödie waren in der Quelle des Tractats den beiden Gattungen gemeinsamen Theilen gegenübergestellt. Nur diese letzteren sind im Coislin. Tractat erhalten, sie sind bekanntlich aufgezählt und beschrieben g nau nach Aristoteles. Der Parabase der Komödie entsprechend mussten alsdann die Theile genannt werden, die der Tragödie allein zukommen und in der Komödie sich niemals zeigen können. Aristoteles (Poet. c. 12) giebt zwei verschiedene χορικά als nothwendige Erfordernisse der Tragödie an, πάροδος und στάσιμον, dazu zwei andere die gelegentlich vorkommen könnten, κόμμος und τὰ ἀπὸ σκηνῆς. Danach rechnet Tzetzes (Iamb. π. τραγ. 30), indem er die Exodos des Chors mitzählt, fünf lyrische Theile der Tragödie, πάροδος στάσιμον ἐμμέλεια κόμμος ἔξοδος. Diese fünf Theile sind aber keineswegs erst von Enkleides aufgenommen, sondern schon bei Pollux überliefert in dem Verzeichniss der ᾠδαί und ποιήματα, das wenn auch lüderlich genug angefertigt, dennoch deutliche Spuren derselben Quellen zeigt die auch Proklos benützt hat. Zunächst ist die Anordnung die gleiche: ἐπη ἡρῷα ἑξάμετρα ῥαψῳδία), ἐλεγεῖα (πεντάμετρα ἐπιγράμματα), ἴαμβοι (ἰαμβεῖα τρίμετρα ἀνάπαιστοι), μέλη [1]. Unter dieser letzten Rubrik erscheinen nun bei weitem die meisten der von Photios aus Proklos aufgezählten Arten lyrischer Dichtung, zum Theil in der gleichen Reihenfolge, mitten darunter aber folgender: θρῆνοι σίλλοι κωμῳδία τραγῳδία. πάροδος στάσιμον ἐμμέλεια κομματικά (so) ἔξοδος, εὐκτικά ἐμβατήρια u. s. w. Die geniale Unordnung, die Pollux, als wollte er die Spuren seines Plünderungszuges verwischen, zurückgelassen hat, macht es schwierig den Character seiner Quelle zu bestimmen. An Tryphons Ὀνομασίαι zu denken ist verlockend (Bapp Leipz. Stud. VIII 119), aber die ausführlichen historischen Erörterungen, die Pollux an den βώριμος und λιτυέρσης knüpft, scheinen mit Tryphons Kürze kaum vereinbar. Aber wie dem sein mag, Pollux fand in seiner Quelle die fünf χορικά der Tragödie, darunter waren nur drei regelmässig wiederkehrende, die zwei anderen waren ausserordentliche Zuthaten, ἐμμέλεια und κόμμος, das ausschliessliche Eigenthum der Tragödie. Tzetzes, von dem wir es jetzt wissen dass er die Quelle des Coislin. Tractats, und zwar durch Eukleides' Scholien vermittelt, benützt hat, ist uns Zeuge dass die Parabase in der ursprünglichen Fassung des Tractats eingehender behandelt war. Wir sehen uns nach sonstigen Zeugnissen um. In der Abhandlung des Platonios findet sich als Anmerkung oder besser als Einschiebsel eine Beschreibung der Parabase, die folgendermassen lautet:

παράβασις δέ ἐστι τὸ τοιοῦτο· μετὰ τὸ τοὺς ὑποκριτὰς τοῦ πρώτου μέρους πληρωθέντος ἀπὸ τῆς σκηνῆς ἀναχωρῆσαι, ὡς ἂν μὴ τὸ θέατρον ἀργὸν ᾖ (so der Estersis) καὶ ὁ δῆμος ἀργὸς καθέζηται, ὁ χορὸς οὐκ ἔχων πρὸς τοὺς ὑποκριτὰς διαλέγεσθαι ἀπόστροφον ἐποιεῖτο πρὸς τὸν δῆμον· κατὰ δὲ τὴν ἀπόστροφον ἐκείνην οἱ ποιηταὶ διὰ τοῦ χοροῦ ἢ ὑπὲρ ἑαυτῶν ἀπελογοῦντο ἢ περὶ δημοσίων πραγμάτων εἰσηγοῦντο. ἡ δὲ παράβασις ἐπληροῦτο διὰ μελυδρίου καὶ κομματίου καὶ στροφῆς καὶ ἀντιστρόφου καὶ ἐπιρρήματος καὶ ἀντεπιρρήματος καὶ ἀναπαίστων.

Es wird nicht viel ausmachen, dass die Anapäste am Ende stehen; schlim-

---

[1] In derselben Reihenfolge zählt auch Horaz die Dichtungsarten auf (AP 73), und es ist hier besonders deutlich, wie er die Dürre der litterarhistorischen Vorlage durch gesteigerte Kunst des Ausdrucks zu verdecken strebt.

mer ist oder scheint vielmehr, dass μελύδριον und κομμάτιον als zwei verschiedene Theile gezählt werden, da doch offenbar μελύδριον nur ein wolberechtigter Nebenname des κομμάτιον ist, für den Fall nämlich dass dieses lyrische Form hatte. Der Fehler aber ist nicht etwa von Platonios begangen worden, sondern ist Jahrhunderte älter. Der einzige der das Wort μελύδριον ausserdem braucht ist Pollux IV 111, dessen Parabasenbeschreibung auch sonst der des Platonios nahe steht: τῶν δὲ χορικῶν ᾀσμάτων τῶν κωμικῶν ἕν τι καὶ ἡ παράβασις, ὅταν ἃ ὁ ποιητὴς πρὸς τὸ θέατρον βούλεται λέγειν ὁ χορὸς παρελθὼν λέγηι. τραγικὸν δὲ οὐκ ἔστιν — τῆς μέντοι παραβάσεως ἑπτὰ ἂν εἴη μέρη· κομμάτιον παράβασις μακρόν στροφή ἐπίρρημα ἀντίστροφος ἀντεπίρρημα· ὧν τὸ μὲν κομμάτιον καταβολή (ἀναβολή?) τίς ἐστι βραχέος μέλους, ἡ δὲ παράβασις ὡς τὸ πολὺ μὲν ἐν ἀναπαίστωι μέτρωι, εἰ δ' οὖν καὶ ἐν ἄλλωι, ἀνάπαιστα τὴν ἐπίκλην ἔχει. τὸ δὲ ὀνομαζόμενον μακρὸν ἐπὶ τῆι παραβάσει βραχὺ μελύδριόν ἐστιν ἀπνευστὶ ᾀδόμενον. τῆι δὲ στροφῆι ἐν κώλοις προαισθείσηι τὸ ἐπίρρημα ἐν τετραμέτροις ἐπάγεται, καὶ τῆς ἀντιστρόφου τῆι στροφῆι ἀνταισθείσης τὸ ἀντεπίρρημα τελευταῖον ὂν τῆς παραβάσεώς ἐστι τετράμετρα οὐκ ἐλάττω τὸν ἀριθμὸν τοῦ ἐπιρρήματος. Es ist natürlich ein Unding, dass jemals das μακρόν, das nicht gesungen wurde, ein μελύδριον genannt worden wäre. Pollux' Erklärung des μακρόν ist identisch mit der des κομμάτιον, so zu sagen eine Dittographie, nur dass das eine ein βραχὺ μέλος, das andere ein βραχὺ μελύδριον heisst. Dafür fehlt beim μακρόν etwas wesentliches, der Nebenname πνῖγος, durch den allein der Zusatz ἀπνευστὶ ᾀδόμενον gerechtfertigt wäre. Das ist wiederum keine Nachlässigkeit des Pollux, sondern ein Fehler seiner Vorlage, derselben die auch bei Hephaistion p. 135, 11 benützt ist. Was dieser sagt διὰ τὸ ἀπνευστὶ λέγεσθαι ἐδόκει εἶναι μακρότερον, stellt die Sache auf den Kopf: das ἀπνευστὶ λέγεσθαι ist Erklärung des Ausdrucks πνῖγος, und der fehlt bei Hephaistion wie bei Pollux. Platonios nun übergeht das μακρόν oder πνῖγος gänzlich: er las in seiner Quelle richtig τὸ μὲν πρῶτον κομμάτιον καὶ μελύδριον oder dgl., fand alsdann dass das μακρόν in der Quelle ganz ebenso erklärt wurde wie das κομμάτιον, und hielt es für überflüssig dasselbe Ding, wie er meinte, zweimal aufzuzählen. Die Siebenzahl erreichte er dadurch dass er κομμάτιον und μελύδριον als zwei verschiedene Theile ansetzte. Platonios steht aber dadurch, dass er die beiden Ausdrücke nebeneinander hat, seiner Quelle näher als Pollux, bei dem sie ganz getrennt erscheinen. Mit Hephaistion ist Pollux noch durch weitere Verwandtschaft verbunden. Zunächst wird bei beiden das Parabasencapitel ganz ähnlich eingeleitet:

Hephaistion	Pollux
ἔστι δέ τις ἐν ταῖς κωμωιδίαις καὶ ἡ καλουμένη παράβασις	τῶν δὲ χορικῶν ᾀσμάτων τῶν κωμικῶν ἕν τι καὶ ἡ παράβασις,

und das ist genau die Form, in welcher die ursprüngliche Fassung des Coislin. Tractats, wo den ἴδια τῆς τραγωιδίας (ἐμμέλεια, κόμμος) die ἴδια τῆς κωμωιδίας entgegengestellt wurden, beginnen musste. Sodann aber weist ein nachlässiger Ausdruck des Pollux auf die gemeinsame Quelle: τῆς παραβάσεως ἑπτὰ

DIE PROLEGOMENA ΠΕΡΙ ΚΩΜΩΙΔΙΑΣ 63

ἂν εἴη μέρη· κομμάτιον παράβασις μακρόν κτλ. Allerdings war für das Hauptstück, die Anapäste, der Gesammtname παράβασις üblich geworden, aber wer die Theile eines Ganzen aufzählt, darf nicht einen Theil mit dem Namen des Ganzen benennen, ohne es zu rechtfertigen. Die Quelle hatte offenbar was Hephaistion hat: δεύτερον δὲ ἡ ὁμωνύμως τῶι γένει καλουμένη παράβασις[1]). Derselbe Ausdruck nun kehrt bei Tzetzes überall da wieder wo er eingestandenermassen seinen Gewährsmännern Enkleides, Krates und Dionysios folgt (*Pl* und *Ma*, vgl. Iamb. π. κωμ. 42). Seine Ueberlieferung ist in einer Beziehung besser als die bei Pollux, Hephaistion und Platonios, insofern sie den Doppelnamen μακρὸν καὶ πνῖγος bewahrt (wenigstens in *Ma* und in den Iamben[2]). Dass Tzetzes das Parabasencapitel ebenso einleitete wie Pollux und Hephaistion, wurde schon erwähnt: er begann mit der Bemerkung, dass die Parabase ein ἴδιον der Komödie sei. Man sieht auf wie alte und wie gute Ueberlieferung Tzetzes' Quelle zurückweist, wenn sie auch im Laufe der Jahrhunderte beträchtliche Trübungen erfahren hat: die Erklärung der Parabase als solcher war so arg verwirrt auf Tzetzes gekommen, dass er selbst darüber klagen durfte (s. o. S. 9).

Bevor ich die Summe ziehe, muss ich noch den ersten Paragraphen des Coislin. Tractats einer Prüfung unterwerfen, die hoffentlich ein glaubhaftes Resultat ergiebt. Der Tractat beginnt mit folgendem Schema:

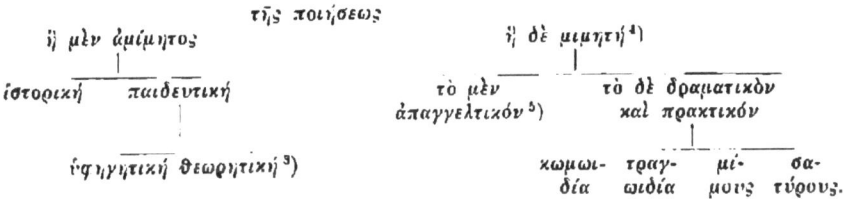

Wer dies mit der Hoffnung liest Spuren einer Aristotelischen Systematik zu finden, kann sich wol zu so harten Aeusserungen hinreissen lassen wie Bernays sie gethan (S. 140). Die Neigung aber eine verlorene Schrift des Aristoteles aus dem Tractat wenigstens theilweis zu reconstruiren wird uns vergangen sein. Das Schema ist im übrigen lehrreich genug. Die mimetische Poesie zerfällt in zwei Klassen, die erzählende (διηγηματική oder ἀπαγγελτική) und in die dramatische (πρακτική, *actica*). Während die letztere vier Unterabtheilungen

---

[1] Danach ist Schol. Arist. Nub. 518 zu ergänzen παράβασις ὁμωνύμως <τῶι γένει καλουμένη>, um so mehr da es vorher heisst εἴδη παραβάσεως ἑπτά.

[2] Den Fehler in *Ma* und in den Iamben, wo zwar sieben Parabasentheile angemeldet, aber nur sechs genannt werden, habe ich schon früher erwähnt (S. 9 A. 1).

[3] Die ὑφηγητική und θεωρητική sind in der Handschrift fälschlich unter ἱστορική geordnet; Bergk hat den Fehler erkannt.

[4] Doch wol μιμητική?

[5] ἐπαγγελτικόν die Hdschr., verbessert von Bergk.

aufzuweisen hat, bleibt die erstere ungetheilt: welche Theile liessen sich auch denken? Das Lehrgedicht, die paraenetische Elegie, das genealogische Epos haben wir früher schon als ganz nichtige Ansreden bedrängter Systematik erkannt (S. 29 f.). Aber was wir vermissen, sind Elegie, Lyrik und Iambos. Sie können weder zum Drama noch zur erzählenden Gattung gerechnet werden: offenbar ist eine dritte Klasse, das κοινόν oder μικτόν, durch Schuld des Excerptors ausgefallen. Im übrigen stimmt alles aufs beste mit dem Cramerschen Scholiasten und Photios, d. h. also mit Proklos, nur dass hier die μῖμοι fehlen, die im Tractat, die untrennbare Einheit von Tagödie, Komödie und Satyrdrama störend, sich als späteren Eindringlinge erweisen. Nun aber die ἀμίμητος ποίησις. Die ἱστορική und die παιδευτική entsprechen deutlich zweien von den drei Unterarten der erzählenden Gattung bei Diomedes (p. 482), der ἱστορική und διδασκαλική, während seine dritte Unterart, die ἀγγελτική (er meinte παραγγελτική) hier als ὑφηγητική und θεωρητική erscheinen. Aber, wie früher bemerkt, die ἱστορική kann mit keinem Schein des Rechts als genealogisches Epos specialisirt, die Theognideische Elegie nicht von anderen zum γένος κοινόν gerechneten Elegien getrennt werden, allenfalls durfte das Lehrgedicht des Empedokles oder Arat als etwas besonderes gelten — Aristoteles hatte diese Leute ja aus der Reihe der Dichter verbannt. Wir sahen, dass in der Schematisirung bei Diomedes die drei Unterarten des *genus narrativum* eine üble Zuthat waren: der Coislinianische Tractat giebt uns Aufklärung über die Herkunft der Zuthat. Hier wird eine ἀμίμητος ποίησις abgesondert. Ihre erste Gattung ist die ἱστορική, das kann doch nur entweder Erzählung sein oder Forschung. Nehmen wir letzteres an, so wissen wir mit einer der Unterarten der zweiten Gattung, der θεωρητική, nichts anzufangen. Das Gedicht des Empedokles ist doch sicher ein θεωρητικόν und zugleich im Sinne der Forschung ein ἱστορικόν. Also bleibt nur übrig die Erzählung zu verstehen. Wer aber die Erzählung zur ἀμίμητος ποίησις rechnet, während er das ἀπαγγελτικόν zur μιμητική zählt, kann überhaupt keine Poesiegattung meinen. Vielmehr ist ποίησις allgemeiner zu fassen als Schriftstellerei, wie Dionys (ep. ad Pomp. p. 59, 4 Us.) die Bücher des Herodot und Thukydides ποιήσεις nennt, freilich nicht ohne sich zu entschuldigen. Was für ein anderes Wort sollte der Grieche auch sonst wählen, um Poesie und Prosa zusammenzufassen: συγγράμματα würde der Bibliothekar sagen, aber niemand kann in dem geforderten Sinne von συγγράμματα ἀμίμητα oder von einer συγγραφική διὰ μιμήσεως reden. Die Prosa also ist gemeint, und ihre vornehmste Art, die Geschichtschreibung steht voran; daneben die Lehrprosa (παιδευτική), die in die beiden Unterarten der anleitenden, methodologischen (ὑφηγητική) und rein wissenschaftlichen (θεωρητική) zerfällt. Die Gewähr für die Richtigkeit der Erklärung giebt die Analogie der Platonischen Dialoge, die man frühzeitig in ὑφηγητικοί und ζητητικοί getheilt hat (Diog. L. III 49). Albinus Isag. c. 3). Die Prosa ist damit völlig erschöpft, Novellen und Romane gehören natürlich zur Poesie im engeren Sinne, so gut wie Sophrons Mimen und die Sokratischen Dialoge, auch ohne dass sie besonders unter der dramatischen Rubrik aufgeführt zu werden brauchen. Die rednerische Litteratur würde allenfalls eine besondre Art bilden, ein μικτόν, denn sie erzählt und belehrt. Dies Schema ist demnach weit mehr Aristotelisch als es scheint: in diesem Sinne konnte auch Aristoteles von einer ποίησις ἀμίμητος reden, ob er es gethan hat, ist eine andere Frage. Die nichtsnutzigen Unterarten aber der erzählenden Poesie bei Diomedes sind Kukukseier. der Kukuk war ein richtiger Systematiker, der eine Gattung ohne Arten und Unterarten nicht dulden konnte. Sie sind nicht für die poetische Litteratur geschaffen: wer sie aber einmal, verführt durch den allgemeinen Ausdruck ποίησις, dahin verpflanzte, fand bei einigem Bemühen auch etliche Dichtungsarten, die scheinbar dahin gestellt werden durften. Ein auf diese Weise entstelltes Schema war die Quelle des Diomedes.

Es hat sich ergeben, dass der Coislinianscbe Tractat aus einer ausführlichen vergleichenden Darstellung der beiden Dramengattungen durch die Schuld eines Epitomators unverständigster Art in seine jetzige Form zusammengeschmolzen ist. Das verlorene Original dürfen wir eine Poetik der Tragödie und Komödie nennen, wobei nicht ausgeschlossen ist, dass uns nur zufällig das allein vorliegt was Tragödie und Komödie betrifft, während das Original vielleicht eine Poetik überhaupt war. Das an die Spitze gestellte Schema könnte dafür sprechen. Zur Herstellung des Originals, soweit das möglich war, liessen sich ausser den ältesten Zeugen Pollux und Hephaistion vor allem die Litteraturcompendien bei Diomedes und Euanthius verwenden, sodann aber auch die von Tzetzes ausgeschriebenen Dionysscholien. Da die letzteren nicht nur in der Fassung der Londoner Handschrift sondern insgesammt, soweit sie litterarhistorischen Inhalts sind, mit Wahrscheinlichkeit auf Proklos zurückgeführt werden konnten, so folgt dass Proklos die Poetik benützt hat, dass also vieles von dem was in seinen wichtigen Einleitungscapiteln über Begriff, Wesen und Technik der Poesie zu lesen war, aus jener Poetik stammte. Es mag dafür auf eine früher schon erwähnte Thatsache hier mit verstärktem Nachdruck hingewiesen werden. Der Verfasser des Tractats oder vielmehr der Poetik sagt (§ 1 von der Tragödie, dass sie eine Reinigung von den φοβερὰ παθήματα τῆς ψυχῆς bewirke δι' οἴκτου καὶ δέους, und meint damit natürlich nichts andres als δι' ἐλέου καὶ φόβου. Das gleiche Bestreben, den Aristotelischen Ausdruck zu variiren, zeigt sich in den Cramerschen Dionysscholien, wo die Poesie definirt wurde als eine ἐντελὴς ὑπόθεσις ἔχουσα ἀρχὰς καὶ μέσα καὶ πέρατα. Hier schwebt offenbar die Aristotelische Tragödiendefinition vor (Poet. c. 7). Statt πρᾶξις musste freilich, da es sich um die Poesie überhaupt handelte, das allgemeinere ὑπόθεσις eingesetzt werden, aber auch unnöthiger Weise, ohne die Absicht einer inhaltlichen Modification ist geändert worden, ἐντελής steht für τελεία, und vor allem statt ἀρχὴν καὶ μέσον καὶ τελευτήν, wie Aristoteles gesagt hat, ist das völlig gleichbedeutende ἀρχὰς καὶ μέσα καὶ πέρατα eingesetzt. Ich denke doch, das sind Spuren eines und desselben Menschen, der absichtlich variirt, um wenigstens im sprachlichen Ausdruck seine Selbständigkeit zu wahren. Erwägt man ferner, dass in den Cramerschen Scholien die Poesie überhaupt definirt wird, so bestätigt das die Vermuthung,

dass das Original des Tractats eine Gesammtpoetik war, nicht nur eine dramatische, und erwägt man endlich, dass die Definition in den Scholien beginnt ποίησις δὲ κυρίως ἡ διὰ μέτρων ἐντελὴς ὑπόθεσις so bestätigt das die Annahme, dass im Tractat die ποίησις im engeren, eigentlichen Sinne einer ποίησις im weiteren Sinne, d. h. einer kunstmässigen (πεποιημένη) Prosa gegenübergestellt war. Das schliesst alles so eng und gut zusammen, dass mir wenigstens kein Zweifel bleibt: die Poetik, das Original des Coislin. Tractats, ist von Proklos sogut benützt wie vor Proklos von den Gewährsmännern des Pollux, des Diomedes, des Euanthius.
Aber natürlich war sie nicht des Proklos einzige Quelle über Poetik. Ein Werk das sich Χρηστομάθεια nannte versprach nicht eine einheitliche Lehre vorzutragen, es versprach vielmehr eine Fülle von wissenschaftlichem Material zur Bildung und Belebung des Lesers. Wir sahen, dass Proklos verschiedene Etymologien, abweichende Ansichten, unvereinbare Traditionen neben einander verzeichnete, selten wol so (wie bei den σχολιά), dass er zum Schluss sein eigenes Urtheil beifügte. Solche Bücher entstehen zu allen Zeiten wo die wissenschaftliche Forschung zum Stehen kommt, wo sie oder wichtige Zweige von ihr auszusterben drohen. Proklos hatte noch philologische Bildung geniessen können, aber er erkannte wol, dass das Interesse für Litteraturgeschichte im Schwinden war: Philosophie und Grammatik im engeren Sinne drohten die Philologie zu verdrängen. Da gedachte er zu retten was zu retten war und schrieb nach guten alten Quellen zusammen was er für jeden Gebildeten als unentbehrlich ansah, nicht als kritischer Forscher — das hätte ihm niemand gedankt — sondern als Sammler. Bequem musste er es seinen Zeitgenossen machen: wenn sie auch selbst nicht mehr lasen als die üblichen Schuldichter, so sollten sie doch wenigstens wissen was die übrigen Dichter geschrieben hatten; kurze Inhaltsübersichten sollten die meist schon verlorenen Originale einigermassen ersetzen. Wenn die Zeit auch kein Verständniss mehr für Poesie hatte, so sollte sie doch die alten Regeln der Poetik nicht verlieren und nicht vergessen wie viel die alten Grammatiker für die Sammlung, Erklärung und richtige Schätzung der hellenischen Dichtung gethan hatten. Die aegyptischen Verskünstler jener Zeit waren vielleicht durch die philologischen Anregungen der Alexandrinischen Schule, des Proklos und seiner Lehrer auf ihre Wege gebracht worden. Also eine Sammlung wichtiger und wissenswerther Thatsachen zur Geschichte der griechischen Poesie enthielt die Chrestomathie des Proklos, und unter diesem Titel war Raum für viele Urtheile und Ueberlieferungen. Diomedes beginnt seine Capitel über Tragödie und Komödie mit den Theophrastischen Definitionen, während er an Stilgattungen nicht drei sondern vier aufzählt, also hier einem andren Gewährsmann als Theophrast folgt. In den Cramerschen Scholien, also bei Proklos, finden wir peripatetische Anschauungen über die Bedeutung der Poesie neben stoischen verzeichnet, wiederum bei Diomedes finden wir eine altperipatetische Auftheilung der gesammten poetischen Litteratur, aber der einen Gattung sind drei Unterarten thöricht hinzuconstruirt. Eine einheitliche Urquelle auch nur zu suchen wäre Thorheit. Wie oft ist περὶ

ποιητικῆς, περὶ ποιητῶν, περὶ λέξεως, περὶ γραμματικῆς, περὶ κωμωιδίας καὶ τραγωιδίας u. dgl. geschrieben worden: es musste doch ein jeder der Verfasser glauben seinen Vorgänger überbieten zu können, indem er mehr oder besseres lehrte oder doch wenigstens anderes. Wie oft mag ein ernsthafter Gedanke von einem späteren wieder aufgegriffen und für ein oberflächliches Publicum trivialisirt worden sein. Die beiden vielbesprochenen Dionysscholien über Tragödie und Komödie sind dafür lehrreich (p. 746 und 748 Bekk). Da heisst es von den Tragikern, dass sie θέλοντες ὠφελεῖν κοινῆι τοὺς τῆς πόλεως, λαμβάνοντές τινας ἀρχαίας ἱστορίας τῶν ἡρώων ἐχούσας πάθη τινά, ἔσθ' ὅτε καὶ θανάτους καὶ θρήνους, ἐν θεάτρωι ταῦτα ἐπεδείκνυντο τοῖς ὁρῶσι καὶ ἀκούουσιν, ἐνδεικνύμενοι παραγυλάττεσθαι τὸ ἁμαρτάνειν. Das ist aus der Aristotelischen Katharsis schliesslich geworden. Der Dichter ist zum σωφρονιστής gemeinster Art geworden, von seiner ψυχαγωγία ist nicht mehr die Rede. Und ebenso werden die Komiker als Leute gerühmt ἐλέγχοντες τοὺς κακῶς βιοῦντας καὶ τοὺς ταῖς ἀδικίαις χαίροντας. ἀναστέλλοντες τὰς ἀκαίρους καὶ ἀδίκους αὐτῶν πράξεις καὶ ὠφελοῦντες κοινῆι τὴν πολιτείαν τῶν Ἀθηναίων. Man kann nicht schiefer und seichter reden, und doch sind die beiden völlig parallel gefassten Scholien ein werthvoller Nachklang alter gelehrter Forschung, die die beiden Dramengattungen aus gleicher Veranlassung, ja aus einer gemeinsamen Wurzel entstehen und sich zu gleicher Form entwickeln liess, die auf diese Erkenntniss gestützt die Sprache der Komödie aus der der Tragödie ableitete, so gut wie den Prosastil aus der Dichtersprache. Durch welche Rinnsale all das, was die verschiedensten Männer zu den verschiedensten Zeiten gedacht oder doch geschrieben haben, schliesslich zusammengeflossen ist, werden wir in den meisten Fällen niemals erfahren: wir müssen uns begnügen und können es auch.

Eine Poetik nun aber kann für historische Darstellung nicht viel Raum erübrigen, noch weniger für widersprechende Erörterungen über die Geschichte der Tragödie und Komödie, über Erfinderrechte, über Dichternachlass u. a. Trotzdem finden sich bei Diomedes wie bei Enanthius, insbesondre in den Dionysscholien (Tzetzes) historische und systematische Elemente nebeneinander, und zwar beide mit vielfacher Uebereinstimmung auch in unwesentlichen Dingen. Folglich werden wir auf Bücher verwiesen, die ihrer Natur und Aufgabe nach beides vereinen konnten und mussten, auf litterarhistorische Sammlungen oder auch Darstellungen. Die Lateiner konnten nicht wie die Dionysscholiasten den Proklos benützen; also hatten sie ältere Bücher. Rathen lässt sich hier vieles, wissen und beweisen nichts. Ob man die Quelle des Diomedes Probus nennt oder Sueton, damit ist nicht das mindeste gewonnen. Probus ist für die griechische Litteraturgeschichte naturgemäss unselbständig: aber weder er noch Varro sind Leute, die sich ein Buch von der Bibliothek holen, um es zu Hause abzuschreiben oder ins Lateinische zu übersetzen. Ob zwischen Proklos oder Orion und Didymos Mittelsmänner eingetreten sind, ist ebenfalls zunächst nicht zu sagen. Es läge ja nahe den Dionysios, den Tzetzes neben Eukleides und Krates nennt, als den Mann anzusehen, der von Proklos als Gewährsmann citirt in die Excerpte

9*

der Dionysscholiasten hinübergenommen und von da zu Tzetzes gelangt wäre. Aber die *Μουσικὴ ἱστορία* des Dionys ist ein Buch mit dem ich nicht operiren mag, da ich gesehen habe, auf wie schwanker Grundlage das auf seinen Namen errichtete Ueberlieferungsgebäude beruht (s. Zusatz). Ich weiss weder wer der Krates bei Tzetzes ist noch welchen von den vielen Dionysien er meint, von Eukleides ist ebenfalls nichts mit voller Sicherheit zu sagen. Die direct von Tzetzes genannten Gewährsmänner also hat diese Untersuchung ebensowenig fixirt wie es Consbruch und anderen vor mir gelungen ist.

Zusatz.

Seit 35 Jahren gilt es als feststehende Thatsache, dass die *Μουσικὴ ἱστορία* des jüngeren Dionys von Halikarnass eine der hauptsächlichsten Quellen des Hesych von Milet gewesen ist. Man glaubt sogar ein sicheres Zeugniss dafür zu besitzen, in der Herodianvita bei Suidas: Ἡρωδιανὸς Ἀλεξανδρεύς, γραμματικός, υἱὸς Ἀπολλωνίου τοῦ γραμματικοῦ τοῦ ἐπικληθέντος Δυσκόλου. γέγονε κατὰ τὸν Καίσαρα Ἀντωνῖνον τὸν καὶ Μᾶρκον· ὡς νεώτερον εἶναι καὶ Διονυσίου τοῦ τὴν Μουσικὴν ἱστορίαν γράψαντος καὶ Φίλωνος τοῦ Βυβλίου. ἔγραψε πολλά. Hesych. so sagt man (Schneider Callim. II 31, und nach ihm Wachsmuth Rohde Daub u. a.), habe hierdurch Dionys und Philon als seine Hauptquellen angegeben und die Kürze der Herodianvita damit entschuldigen wollen, dass Herodian weil jünger nicht mehr in ihren Büchern vorgekommen sei. Aber ist denn die Vita kürzer als die vieler anderer Grammatiker, die vor Hadrian gelebt haben? es steht ja alles da was Suidas zu geben pflegt, Heimath, Beruf, Vatersname, Zeit und Werke; nur das Verzeichniss der vielen Schriften ist, wie das ja oft geschehen, vom Epitomator fortgelassen: wer aber wusste, dass er πολλά geschrieben, konnte auch wenn er wollte angeben, was er geschrieben hatte. Aber es mag sein: was hat aber Dionys mit Herodian zu thun? er hätte doch, auch wenn Herodian Zeitgenosse des Nero gewesen wäre, in seiner *Μουσικὴ ἱστορία* keine Gelegenheit gehabt den Grammatiker zu biographiren. Oder meinte Hesych eigentlich nur Philon, der ihn ja freilich als berühmten Alexandriner wol genannt haben würde? warum nannte er aber den Dionys mit? waren Philon und Dionys eine unzertrennliche Einheit, hatte Hesych eine Quelle, in der beide zusammengearbeitet waren? aber wie konnte jemand auf den Gedanken kommen zwei Schriftsteller zu verbinden, die sich in den wichtigsten Dingen decken mussten? bei weitem die meisten Berühmtheiten, die Dionys aufführte, standen unter dem Namen ihrer Heimath auch bei Philon; die wenigen, deren Heimath unbekannt war, die also wol bei Dionys aber nicht bei Philon vorkommen konnten, zählen nicht. Und wie kam das Buch des Unbekannten zu seinem Doppelnamen, warum verschwieg der Verfasser seinen Namen? und woher hatte er denn überhaupt Kenntniss von Herodian? er konnte die Vita mit ihren ausreichenden Details doch nur einfügen, wenn er fortsetzen wollte, und wollte er das, so musste er Quellen dafür haben, und diese Quellen machten eine solche 'Entschuldigung' überflüssig. Also fordert der sonderbare Zusatz bei Hesych eine andere Erklärung, und folgendes lässt sich denken. Hesych hatte seinen Ὀνοματολόγος oder seinen Πίναξ τῶν ἐν παιδείαι ὀνομαστῶν nicht in alphabetischer Folge angelegt, sondern hatte zunächst sachliche Gruppen gesondert (Dichter, Philosophen, Historiker, Grammatiker u. s. w.), innerhalb der Gruppen aber die Namen chronologisch geordnet (vgl. Daub Fleckeis. Jahrb. Suppl. Bd. XI 404 f. Wentzel Texte u. Untersuchungen hg. von Harnack und Gebhardt XIII 3 S. 57 ff.). Hesych mochte für die Grammatiker eine Quelle haben, die mit den beiden Zeitgenossen Dionys und Philon abschloss, dann trat eine neue Quelle ein, die mit Apollonios und Herodian etwa begann; diesen Quellenwechsel konnte er einleiten mit den Worten 'soweit reichte das bisher benützte Buch, nämlich bis Dionys und Philon; die jüngeren entnehme ich einem anderen Gewährsmann' oder dgl. Er konnte aber auch die Geschichte der Grammatik in Perioden getheilt und mit Apollonios und Herodian (Vater und Sohn erscheinen auch sonst eng verbunden, vgl. Osann Philem. p. 306) ganz rationell eine neue Periode begonnen haben. Aber auf die Richtigkeit dieser Erklärungen kommt zunächst nichts an: nur dass die Schneidersche falsch ist, muss nothwendig zugegeben werden.

Aber was konnte denn etwa Hesych aus Dionys' Μουσικὴ ἱστορία entnehmen? Er selbst sagt nur, dass es 36 Bücher gewesen seien: ἐν δὲ τούτοις αὐλητῶν καὶ κιθαρωιδῶν καὶ ποιητῶν παντοίων μέμνηται. Dionys war und hiess μουσικός im engsten Sinne, seine übrigen Schriften bestätigen das. 24 Bücher Ῥυθμικῶν ὑπομνημάτων, 22 Bücher Μουσικῆς παιδείας ἢ διατριβῶν, 5 Bücher über das Thema Τίνα μουσικῶς εἴρηται ἐν τῆι Πλάτωνος Πολιτείαι. Geschichte der Musik und Poesie waren bei den Griechen engbenachbarte Gebiete, aber doch nur soweit bei der Poesie die Musik in Betracht kam; die παντοῖοι ποιηταί, die Hesychs Epitomator allzu kurz neben den Auleten und Kitharoden nennt, waren gewiss lyrische Dichter. Aber trotzdem deutet man die Μουσικὴ ἱστορία in so weitem Sinne, dass sie selbst Epiker umfasst haben soll. Auch hier geht die grundlegende Combination von Schneider aus: er findet, dass die von Sopater excerpirte Μουσικὴ ἱστορία des Rufus, nach dem Referat bei Photios Cod. 161, dem Titel und Inhalt nach die grösste Aehnlichkeit mit dem gleichnamigen Buch des Dionys gehabt haben müsse und hält es für unzweifelhaft, dass der sonst unbekannte Rufus den Dionys epitomirt habe; was also bei Rufus stand, das habe nothwendig auch bei Dionys gestanden. Aber Photios Angaben selbst zeigen, dass die Selbständigkeit des Rufus unterschätzt wird. Aus dem ersten, zweiten und dritten Buch der Μουσικὴ ἱστορία des Rufus hat Sopater das 5. Buch seiner Ἐκλογαί zusammengetragen: ἐν ὧι τραγικῶν τε καὶ κωμικῶν ποικίλην ἱστορίαν εὑρήσεις, sagt Photios, οὐ μόνον δὲ ἀλλὰ καὶ διθυραμβοποιῶν τε καὶ αὐλητῶν καὶ κιθαρωιδῶν, ἐπιθαλαμίων τε ὠιδῶν καὶ ὑμεναίων καὶ ὑπορχημάτων ἀφήγησιν, περί τε ὀρχηστῶν καὶ τῶν ἄλλων τῶν ἐν τοῖς Ἑλληνικοῖς θεάτροις ἀγωνιζομένων, dazu war zu lesen, wie diese Leute, Männer oder Weiber, zu Ansehen gekommen sind, was die einzelnen zuerst erfunden und betrieben, in welchen persönlichen Verhältnissen sie zu Königen oder Tyrannen gestanden haben, ferner bei welchen Festen sie aufgetreten sind, welchen Ursprung diese Feste hatten, speciell die ἑορταὶ πάνδημοι in Athen. Das alles betrifft also nicht die Dichter schlechthin, sondern nur soweit sie öffentlich aufgetreten sind: für die alten Elegiker, wie Theognis u. a., für die subjective Lyrik der Sappho, des Alkaios war hier kein Raum. Es ist in der That Μουσικὴ ἱστορία, in weiterem Sinne zwar, aber doch in engerem als Schneider wollte; es ist aber eine ποικίλη ἱστορία, wie die des Aelian, des Favorinus, wie die Attischen Nächte des Gellius. Im vierten und fünften Buch gab Rufus αὐλητῶν τε (Männer und Weiber) καὶ αὐλημάτων ἀφήγησιν, er erzählte von Homer, Hesiod Antimachos und von vielen anderen Dichtern τῶν εἰς τοῦτο τὸ γένος ἀναγομένων. Gemeint sind Epiker, und ihnen schliessen sich die weiblichen Vertreter hexametrischer Poesie passend an, die Sibyllen, τίνες τε καὶ ὅθεν. Das vierte Buch war demnach ganz Musikgeschichte, das fünfte hatte damit nichts zu thun. Ausserdem hat Sopatros noch das achte Buch des Rufus ausgezogen, das den Specialtitel Δραματικὴ ἱστορία trug: da waren, sagt Photios, zu finden παράδοξά τε καὶ ἀπίθανα μάλιστα, καὶ τραγωιδῶν καὶ κωμωιδῶν διάφοροι πράξεις τε καὶ λόγοι καὶ ἐπιτηδεύματα καὶ τοιαῦθ᾽ ἕτερα, also Schauspieler- und Sängeranecdoten, wie die des Stratonikos bei Athenaeus und ähnliches. Wenn das alles ein Excerpt aus Dionys sein soll, so steigt unsere Achtung vor dem μουσικός nicht gerade hoch, aber, was wichtiger ist, dann konnte Hesych sich keine unpassendere Quelle aussuchen, keine, deren Benützung ihm mehr Mühe zu verursachen drohte. Wenn aber, wie ich meine, Rufus zwar die Μουσικὴ ἱστορία des Dionys zur Hilfe nahm (daher das Citat Ῥοῦφος καὶ Διονύσιος in den Scholien zu Aristid. III 537 Di), um seine Anecdotensammlung zu bereichern, aber aus anderen Quellen ausserdem was ihm gut schien zusammenholte, dann giebt das Werk des Rufus kein Bild mehr von dem des Dionys, das sich allem Anschein und aller Ueberlieferung nach mit Musik und Musikern befasste. Diese rein negativen Bemerkungen hielt ich für nothwendig: zu ihrer Empfehlung füge ich hinzu, dass G. Wentzel, dem ich sie vorlegte, mir mittheilte, er sei bei seinen Suidasuntersuchungen zu gleichen oder ähnlichen Resultaten, jedesfalls zur Ablehnung der Schneiderschen Combinationen gekommen. Ich würde demnach diesen unerfreulichen Zusatz unterdrückt haben, wenn ich nicht wüsste, dass bis zur Veröffentlichung von Wentzels Untersuchungen, die zweifellos positiverer Art sein werden, noch manches Jahr verstreichen wird.